北京"双减"在行动

王 宇 主编

首都师范大学出版社
CAPITAL NORMAL UNIVERSITY PRESS

图书在版编目(CIP)数据

北京"双减"在行动 / 王宇主编. —北京:首都师范大学出版社,2023.6

ISBN 978-7-5656-7713-7

Ⅰ.①北… Ⅱ.①王… Ⅲ.①中小学教育－教学研究－北京 Ⅳ.①G632.0

中国国家版本馆 CIP 数据核字(2023)第 166660 号

BEIJING SHUANGJIAN ZAI XINGDONG

北京"双减"在行动

王　宇　主编

责任编辑　禹　冰

首都师范大学出版社出版发行

地　　址　北京西三环北路 105 号
邮　　编　100048
电　　话　68418523(总编室)　68982468(发行部)
网　　址　http://cnupn.cnu.edu.cn
印　　刷　北京金吉士印刷有限责任公司
经　　销　全国新华书店
版　　次　2023 年 6 月第 1 版
印　　次　2023 年 6 月第 1 次印刷
开　　本　710mm×1000mm　1/16
印　　张　11
字　　数　185 千
定　　价　35.00 元

编 委 会

序　言

　　2022年，既是"双减"政策攻坚落实之年，也是走向纵深发展的一年。一年来，北京市教育系统一方面加快推进义务教育优质均衡发展，在区域资源统筹、干部教师轮岗、课堂质量、教学规范、课业辅导、作业设计上下功夫，不断提高课后服务水平，持续完善家校社协同育人机制；另一方面系统推动学科类校外培训常态监管、精准治理，不断优化教育生态，推动"双减"不断升级。

　　现代教育报社作为北京教育融媒体中心的重要宣传平台，围绕北京市委教育工委、北京市教委"双减"工作重点，在北京教育融媒体中心的统筹、指导下，不断加强策划，组织编辑记者走进教科研院所、各区教育两委、各级各类学校，一方面挖掘采访报道鲜活案例和典型经验，另一方面邀请业界专家和名师名校长撰写文章，交流分享对"双减"工作的思考和探索，力求以立体多元的方式呈现"双减"政策在北京的生动实践，以及为首都教育带来的新气象、新变化、新成果。

　　回顾2022年的"双减"采访报道工作，《现代教育报》以消息、通讯、评论、专栏、专题、署名文章、系列策划等形式刊发了20余万字的报道，展现了北京教育系统按照国家和北京市统一部署，积极推动校内外双向发力，全市义务教育阶段中小学将学生兴趣爱好和学习能力培养为突破口，着力提升课程管理能力、教学管理能力、作业管理能力、课后服务能力和家校沟通能力所做的努力和取得的成就。"双减"工作的影响力已经在学校管理、育人目标、课程教学、考试评价、队伍建设等教育治理领域全面铺开，广大教育工作者对全面贯彻党的教育方针、落实立德树人根本任务、促进学生全面发展和健康成长有了更加深刻的认识和思考。

　　本书从《现代教育报》刊发的20余万字的"双减"工作报道中，精选10余万字，按照区校治理探索与实践、提升课堂教学质量、优化作业设计、丰富课后服务、教师轮岗交流、家校社协同育人、聚焦学校教研七个方面，全面系统地呈现了北京教育系统一年来推动"双减"工作纵深发展的成就。这些丰富多彩、富有创意的成就给北京教育的发展带来了新的活力，也成为一份珍贵的历史记录。

2023 年，北京教育系统正在继续做好"双减"工作的后半篇文章，我们将继续对"双减"工作进行密切跟踪报道，将更多精彩呈现给读者。

编者

2023 年 2 月

目　　录

第五部分 教师轮岗交流

第六部分 家校社协同育人

第七部分 聚焦学校教研

第一部分　区校治理探索与实践

落实"双减"，更高的自主才有更高的效能

中国教育科学研究院　储朝晖

"双减"的着眼点是全面贯彻党的教育方针，落实立德树人根本任务，根本问题不是校外培训机构绑架了学校、学生和家长，也不是因为培训机构存在问题需要被规范，而是因为他们在客观上建立了另外一个体系，导致我们正常的、正规的学校教学无法有序进行。从这个角度来说，"双减"本身是场阵地战。强化学校教育主阵地作用，这才是问题的关键。

一、学校须明晰"学足学好"的边界

《关于进一步减轻义务教育阶段学生作业负担和校外培训负担的意见》（以下简称《"双减"意见》）列出的目标就是要提高学校质量，并且把提高学校质量和规范校外培训作为两个方面同时强调，这与 2018 年规范校外培训机构的《关于规范校外培训机构发展的意见（国办发〔2018〕80 号）》相比有明显的不同。这一不同显示出国家制定政策能够更加全面、更加完整地考虑问题。

《"双减"意见》明确提出要让学生的学习回归校园主阵地，而且用了"应教尽教""学足学好"两个关键词。"应教尽教"是相对于课程标准而言，"学足学好"并没有一个固定的标准，而是应该根据学生的成长发展需要，兼顾不同学生的个性、潜能和成长状态。什么才是"学足学好"？这个目标很难考核。因此，现阶段如何减轻学生的学业负担，才是"双减"的关键。

减轻学生学业负担的背后又涉及不同的主体，政府、学校、学生本人、家长，大家对这个问题的看法和要求都不一样。《"双减"意见》里提到的"我们存在一些短视化问题、功利化问题"是什么原因造成的？这与我们的教育评价和

管理直接相关，所以要实现"双减"目标，就会涉及教育管理、教育评价、教育实践等多个方面。

"双减"可能会出现作业量减少却不能减轻学生负担的结果。如果高考不改革，再少的作业内容也是负担。只要家长和学生的"提分"培训刚需尚在，治理校外培训机构只能是规范现有的头部企业，但培训机构的违规行为依然会层出不穷。此外，如果学校的课后服务不能满足学生的多样化需求，不能提高学生参与的积极性，校外培训的需求就依然存在。因此，课后服务的关键是要依据学生成长发展的具体需求来安排。

二、防止"双减"措施产生的漂移

培训机构跟学生成长发展不是必然相关的问题。死盯着培训机构治理，治标不治本，我们更应该盯着孩子是不是健康成长了，这是两个不同的目标。

当没有培训机构竞争时，学校作为育人主阵地的作用又不能得到充分发挥，真正提高教育教学质量会成为一个难题。有的学校会认为，没有竞争就可以歇一歇了，这种"停一停""歇一歇"的想法对提高质量没有益处，也没有从根本上解决短视化、功利化问题。

没有了培训机构，优质、高效的教育供给再出现不足，在政府财力有限的情况下，家长和社会的焦虑不但不能减轻，还会加深和增强。

落实"双减"不能依靠降低考试难度来实现，考试难度系数不能够由行政来决定，我们要把行政要求和专业要求的责任、权利边界分清楚，否则就解决不了问题，还会出现新问题。

未来"1＋N"模式的政策制定，有可能导致"双减"漂移。"1"是指已经确定的政策举措，"N"指的是落实过程中需要对一些概念进行科学界定，对一些工作要求进行细化，这个"N"可能越界、漂移，错将工具和手段当作目的追求。在政策执行层面，多部门治理可以形成合力，克服教育部门执法难题，但很难做到专业、精准，难以共同走到最终目标，存在较大风险。

三、没有自主性就没有高效能

由于"双减"增加了对学校的行政指令，也会使得学校和教师的自主性大大降低，从属性增强，依从度提高。外在约束增加，也会致使学校积极性与效能下滑。

　　在减负过程中，师生一旦被动地落实政策，学校再缺乏一定的自主性，就会让负担变得越来越重，效能还不能提升。自主选择的负担往往不会使人感到压力，减负需要同时减轻师生的负担，而不只是减轻学生的负担。

　　延时服务不是简单地加长时间，还涉及教育内容的增加。如果只是延长了服务的时间，学校会面临安全责任加大、师资不足、师生疲劳增强、心理问题发生率增高等一系列问题，影响自身的可持续发展。因此，学校应该从校情出发，根据学生的年龄特征与需求、家长的需求，在有成效的领域做好"双减"，不能"一刀切"。

　　对于学校来说，在落实"双减"过程中，只有更大的自主才能获得更高的效能，只有更高的效能才能获得更大的自主，自主的高效能才能实质减负。被动只能让学校的效能越来越低，最后导致学校进一步两极分化。

优化资源供给 聚力促"双减"

北京市门头沟区新桥路中学 谢国平

"双减"的最终目标是建立起高质量的教育体系，解决教育供给侧结构问题，形成协同育人共同体。在落实"双减"过程中，我校以课堂质量提升为主，积极开展丰富的课后服务，特别是通过课后服务，统筹、优化资源供给，在"减负提质"的同时，满足了学生共性成长和个性化发展的需求。

一、提高教学质量为"双减"筑基

"双减"工作关键在校内，校内质量主要在课堂。我校以"心桥"教育课程体系为引领，以"问题解决—主体互动"学习方式变革为抓手，以学科组、年级组为基本单位，加强开展教学研究、课堂实践和展示交流，定期进行以校长牵头为主的课堂诊断，切实推进学校教学质量和教师队伍质量的双提升。

我们还将学科内容与研究性学习和综合实践活动相结合，开发地方资源，丰富学科活动形式和内容，促进教师在课堂上关注每一位学生，加强学生的课堂参与、合作探究，提高学生校内各时段的学习效率，及时调整教学方法，提高学生的实际获得。

二、优化作业管理为"双减"助力

当前，学生和家长对分层、弹性、个性化作业怀有极大期待，这对学校的作业设计与批改能力提出了更高要求。

我校将作业设计纳入学科教研体系中，开展"作业设计、实施与管理"专项研究，积极探索适合不同年级及不同学情学生的多层次、多模态的作业设计与指导形式。我们以年级为基本单位，以班主任为核心，实施作业统筹管理，确保作业不出课堂、不出校门，严格按照有关规定把控课外作业时间。所有学科作业教师全批全改，使用激励性语言和个性化评语，保护学生自尊心，提升学生学习积极性。

建立常态化作业管理督导检查机制，教学管理中心、学科组对学生作业的批改质量情况进行定期检查和优秀作业设计展示与交流，发挥示范引领作用。实现作业"设计—布置—管理—批改—检查—展示"闭环管理全优化、全提升。

三、丰富课后服务为"双减"赋能

作为推动"双减"落实的配套政策，课后服务是我校着力完善与实施的重点。首先，通过整体规划设计，构建"5＋2＋N"课后服务供给体系。每周五天，每天两个时段（第一时段为作业辅导与体育锻炼，第二时段为多类活动），学校统筹资源，提供包括作业辅导、体育锻炼、劳动教育、学科答疑，以及航模、戏剧、皮影、舞蹈等综合素质拓展活动在内的 N 种课后服务项目集合菜单，满足不同学生的个性需要，努力提高课后服务的吸引力。

在保证学生在校尽量完成作业，每天锻炼一小时的基础上，坚持学科答疑、分层进行巩固拓展指导，满足不同学生在课业上的个性化需求。我们还坚持"五育并举"，对学生进行爱国主义教育、传统文化教育和劳动教育，积极发展体育、艺术、科技等方面的兴趣和特长。积极统筹校内外资源，将周边社区、文化中心、职业学校开发为学生劳动教育基地，将博物馆、科技中心开发为校外课堂。通过设计课后服务管理平台，探索课后服务教师管理机制，不断优化资源供给，保障课后服务的有效开展。

四、加强多方联动为"双减"聚力

"人心齐，泰山移。"教师、学生、家长，学校、家庭、社区，全员、全方位聚力，是"双减"工作扎实推进的重要力量。我校组建"双减"工作专班，全体教师分级、分组认真学习"双减"相关文件，统一思想，形成"双减"攻坚凝聚力；通过家长会、给家长的一封信、微信推送等线上线下多形式活动与家长沟通交流，并在作业、手机、睡眠、读物、体质管理等方面征求家长意见，形成减负提质协同力。

"双减"工作仍在路上，我们下一阶段将充分发挥党的引领作用，继续优化资源供给，完善学校课程体系，形成协同育人共同体，切实提升教育教学质量，让教育回归本真，让学生精彩绽放。

坚持"四个提升"　推进"双减"落地

北京市通州区第六中学　常恩元

2022 年有一个高频词，也是热词，就是"双减"。"双减"不仅仅是深化教育改革的重要一环，是教育生态的重构，更重要的是解决谁来培养人、为谁培养人、培养什么人、怎样培养人的问题，关系到国家、民族的未来，是民生，更是国之大计、党之大计，是全面加强党的领导的具体举措。作为参与"双减"的主体学校而言，要积极行动，坚持"四个提升"，推进"双减"落地。

一、提升教师专业能力，提高课堂教学效率

教师是教育发展的第一资源，没有教师的高水平就没有教育的高质量。课堂教学亦是如此，只有课堂高效，学生的负担才能得到有效缓解。学校坚持以教师培训为保障，在帮助教师充分认识"双减"工作重要性的同时，以"教师能力提升工程"，通州区"运河计划"教育领军人才、特级教师、市区骨干教师工作室，学校学科发展工作室建设，以及北京市"十三五"规划校本课题——"基于学生发展的中学卓越教师培养校本化策略的实践研究"为载体，通过分层式、部门式、主题式、菜单式、订单式、诊断式、体验式、自主式、引领式和混合式等培训方式，提升教师课堂教学的能力与水平。

二、提升课堂教学实效，由重教转向重学

引导教师由教育学思维转向学习科学思维，实现课堂由重教向重学的转变。在教育观念上，坚持以学生为中心，尊重学生的人格，建立基于以学生"学"为基点的教育主张，正视学生的差异，因材施教，区别对待，注重学习方法的指导，让学生由学会进而会学。在教学目标上，从教学目标发展为学习目标，关注学生的知识、能力基础和生活经验，强调基于学生真实基础，为学生设计学习方案。在教学过程中，注重情境的创设、注重团队学习、注重多感官教学、注重评价调控，实现教法与学法的优化。在教学手段上，杜绝死记硬背、题海战术，关注学生学习思维的培养，通过良好氛围的创设，激发学生的

学习兴趣，帮助学生消除环境、身体、情感上的压力，克服学习障碍，提高学生参与学习的深度与广度，促进学生对知识的理解与应用，使学生真正成为课堂的主人，成为学习的主角，成为教学活动的中心。

三、提升作业管理质量，统筹好学科作业量

学校成立了以班主任为核心的班级任课教师组，共同研究学情，合理确定各学科作业比例，做好学科作业量的统筹。指导教研组、备课组针对"双减"加强作业的教研，进一步突出作业的巩固、诊断、改进、评价及育人功能。使教师在做好学情分析的基础上，精准布置分层作业，有效设计弹性作业和个性化作业，精心设计探究性和实践性作业，探索跨学科综合性作业。有效杜绝学生的机械、无效训练，控制重复性、惩罚性作业的出现。学校还建立了学生作业公示制度，为每班配发了教师布置作业的书写板，以便监督统筹。聘请各班学习委员及课代表为学科作业管理监督员，关注各科教师布置作业和学生完成作业的情况，定期召开座谈会，了解和解决学生作业负担，使减负落到实处。

四、提升课后服务供给，满足学生个性化需求

提升课后服务供给，满足学生多样化与个性发展的需求，为学生提供广阔的学习和发展空间。突出服务内容系统化与课程化相结合。将过去课后服务内容由碎片化向系统化、课程化转变，基于学生实际，设立了学习类、体育类、艺术类、科技类、生活类、实践类、创新类共七大类课后服务课程，共计40余门课程，为学生提供了丰富的选择机会。突出规定课程与自选课程相结合。在课后服务活动的开展中，注重与学校的特色相结合。学校是全国青少年篮球特色学校和北京市田径传统体育项目学校，在课程的设置上，对学生提出"2＋1＋N"课程选择要求，即"2"为篮球课、田径课，作为每一名学生必选课程，"1"为一项艺术课程，"N"为学生可自主选择的课程，既体现了学校的特色，也满足了学生体育、艺术"2＋1"的特长要求，以及学生多样化发展、个性化成长的需求。

"双减"减的是负担，增加的是责任与质量，"双减"的起步阶段，学校的努力与付出取得了初步成效。从调研来看，86％的家长认为孩子的作业在减少，每天的书面作业在1.5小时内基本完成。同时，学校课后服务更加丰富，更加贴近学生的实际，满足了学生多样化与个性化的发展需求，确保了学生在校内学会、学足、学好。

首都"双减"新经验"走"上北京两会

现代教育报社　娄　雪　辛晓磊　徐靖程

北京市政协十三届五次会议 2022 年 1 月 5 日开幕，第十五届人民代表大会第五次会议 1 月 6 日召开，在涉及教育领域的多个提案中，关注度最高的可谓是"双减"话题了。自 2021 年 7 月 24 日中共中央办公厅、国务院办公厅印发《关于进一步减轻义务教育阶段学生作业负担和校外培训负担的意见》以来，北京"双减"落实得怎么样？近半年来的"双减"实践取得了哪些成效？各区各校的做法有哪些可借鉴推广的经验？参加北京两会教育系统有关的代表委员还将汇编材料——《北京"双减"进行时》带到了会上。

北京作为在全国率先开展"双减"工作的城市，坚持以学生为本、多措并举，坚定有序地推进政策落地、落实、落细。近半年来，在市委、市政府高度重视，市委教育工委、市教委的坚强领导下，北京教育融媒体中心所属"三报五刊"及各新媒体平台迅速行动、主动发声，加强选题策划、深入校园一线、倾听基层声音、推出各类报道，以融媒体阵容和丰富多样的形式全方位宣传"双减"政策在北京的生动实践，并于近日汇编成册。

自"双减"政策实施以来，隶属于北京教育融媒体中心的现代教育报社及时推出"双减进行时"系列报道，围绕社会广泛关注的教师交流轮岗、培训机构治理、学科教研组建设、作业设计等问题组织相关深度报道，推出了数十篇策划文章；同时，还充分发挥首都特级校长、特级教师等专家名师资源，邀约了百余篇"双减"署名文章，汇集了来自首都教育教学一线的"双减"智慧。现代教育报社的记者还积极前往一线，挖掘报道了北京市各区各校的"双减"亮点及典型经验，为"双减"首都经验汇集了大量鲜活、丰富的一手信息素材。

《北京"双减"进行时》收录了北京教育融媒体中心所属报刊、新媒体组织策划、采写的北京"双减"报道佳作两百余篇。这些报道从政策宣讲及解读、区校治理策略、作业设计及考试评价、课后服务新探索、干部教师交流轮岗、家校社协同、体育与健康七个方面，全面、系统地反映北京"双减"政策出台背景、系列举措及典型经验。其中，既有权威人士对政策措施的解疑释惑，教育教研专家对教学及作业设计等的条分缕析，也有落实"双减"过程中北京校园内外出现的新变化、新气象，还有回归教育规律、学生成长规律而逐步形成的良好教育生态……这些作品既真实、鲜活、生动，又反映经验积累、凝结理性思考，是首都教育一线落实"双减"政策成效的集中体现；同时，也留下了一份有厚度、有质量、有温度，正在经历实践检验的教育改革阶段性、全景式记录。

北京"双减"工作还在持续推进中。北京教育融媒体中心将密切关注首都基础教育领域随"双减"推进、不断深化而展现的生动变化、更多更好的成效成果，尤其关注孩子和家长更多更好的成长与获得，届时将以更深入、更丰富的报道呈现给读者。相信随着《北京"双减"进行时》的逐渐"厚重"，北京全面落实"双减"政策，积极构建的良好教育生态，能为每个孩子的厚实人生奠基。

减负不减效　考试变了样

——"双减"下的期末首考呈现四个变化

现代教育报社　冉　阳　常　悦

2021年，"双减"政策横空出世。《关于进一步减轻义务教育阶段学生作业负担和校外培训负担的意见》中指出，要"降低考试压力，改进考试方法，不得有提前结课备考、违规统考、考题超标、考试排名等行为；考试成绩呈现实行等级制，坚决克服唯分数的倾向"，且小学一、二年级实行无纸笔测试。

截至2022年1月，一个学期过去了，北京各中小学都于最近陆续组织期末考试。作为"双减"后的第一场期末考试，相比以往都有些什么变化？学生和家长又该如何应对变化？笔者走访了北京部分中小学。

一、考试形式变了　"玩"出综合素养提升

期末考试那天，昌平一中教育集团天通苑校区小学部的校园里设置了多个活动摊位，孩子们高高兴兴地玩起了新春闯关游戏，这是学校针对一、二年级学生开展的期末乐考活动。考试以"多维乐考闹新春，欢欢喜喜庆校庆"为主题，创设了"腊月习俗大闯关"，同学们在红红火火的探索中完成各种挑战，并运用自己的智慧赢得更多的"一中校庆纪念币"，最后换取属于自己的惊喜。校长胡丛荣介绍说："此次乐考将场景布置、考查方式与中国春节传统元素融合在一起，为的就是让孩子们明习俗、知礼仪、通学问。"

除了新春主题，冬奥也成了期末考试的热门元素。在史家小学2022年的上学期期末考中，学校组织低年级部的学生结合冬奥会吉祥物，为学校的运动会设计一款吉祥物。为了设计出一款可爱且具有史家精神的运动会吉祥物，一年级的学生们查阅了历届奥运会吉祥物资料，学习其中的设计理念，然后再结合史家小学的传统文化、传统特色和教育理念，进行构思、设计、绘制，并以小组方式介绍设计理念及过程。史家教育集团东四七条小学党支部书记、史家教育集团德育副校长李娟介绍说："学校在设计期末考试，特别是在今年一、二年级的乐考过程当中，更加关注孩子综合能力的提升，将原有简单的、单人的汇报变成了项目制学习、小组式合作汇报的形式，更注重学生合作能力、沟通能力以及表达能力等方面的综合培养。"李娟认为，在孩子们设计校运动会吉祥物的过程中，欣喜地看到了很多孩子的创意表达和大胆设计，这个过程既让学生学习了解冬奥知识，也引领学生爱学校、爱史家，是一种家国情怀的滋养。

根据低年级学生身心发展特点、认知规律和心理需求，北京各学校在以市区级相关课程标准为依据的基础上，通过体验式、情景化、游戏化等多种方式，让学生手中的试卷变成了童趣盎然的"乐学闯关卡"，让学生在轻松、愉快的氛围中巩固、检验习得的知识和技能。在东城区培新小学，2022年上学期期末，二年级开展了唱红色歌曲的活动，在活动中，学生们要上台唱首歌，唱完歌曲还要向同学们讲解歌曲的背景。在朝阳区垂杨柳中心小学，一、二年级的期末考都设计了12个"关卡"，涵盖语文、数学、英语学科以及习惯养成考查项目，孩子们在特殊的"考场"上拨表盘、数图形、读英文、诵古诗……特别值得一提的是，乐考的"小考官"都是由学校五年级的"红领巾"和同年级的"小榜样"担任的。

二、考试内容变了　"考"出知识运用能力

相比于小学一、二年级形式灵活多样的"乐考"，小学部中高年级和初中部学生虽然仍旧采用纸质测评的方式，但考题内容方面也悄然出现了变化。

史家小学德育副校长李娟分析说，从2022年上学期期末考试的整个语文、数学、英语卷面来看，更加关注全面、全学科综合能力的提升和检测。以语文为例，原来可能只是简单的读拼音写词语，但现在就提供一定的语境，让学生在语境当中进行标音填词，从而关注学生整个字、词、句、段、篇的素养提升。另外，语文卷面倡导大语文观，增加了很多阅读层面的材料，涉及新闻时事以及社会正能量、价值观的引领，比如太空课堂、建党百年等。在数学学科，卷面会体现动手操作性，比如对于圆的认识会更多地结合生活当中的设计，引导学生去关注生活当中的数学问题。

"'双减'之下的考试，其核心要义是要把核心素养考出来。围绕学生发展核心素养，学校会在试卷命题时，围绕批判质疑、乐学善学、信息意识、审美情趣和人文积淀等方面进行总体统筹。"北京市京源学校小学部校长王琦提到，既然要把核心素养考出来，那么一张试卷是无法满足检测的最终目的。

王琦解释说："小学低年级、中年级、高年级，孩子的年龄不同、年段不同，他们的心理特质、学习品质也会呈现出不同的样态，学校就要依据学生的年龄特点。比如小学一、二年级，学校组织乐考周，用一周的时间开展期末测试，用灵活多元的方式测评孩子；在三至六年级，学校除了依据课程标准通过学科试卷进行基础知识、基本技能的考核之外，还加入了综合性、以解决问题为主的检测。"据了解，在京源学校小学部高年级，学校发起了"小先生课堂"项目式学习研究，通过项目研究学习的方式，将学生的学科实践、综合实践、五育并举、生活教育等进行综合考量。

三、考试评价变了 "评"出过程性学习

变化的不只是考试形式和内容，考试评价的方式也在悄然发生变化。

笔者发现，目前大多数学校采取的都是日常评价与期末评价相结合的方式，期末评价只是其中一部分。

在北京市广渠门中学教育集团，"双减"背景下的首次期末考试测评结果就不只是看分数。北京市广渠门中学、广渠门中学附属花市小学校长李志伟介绍，在北京市启动"双减"工作后，学校教学团队就对评价方式的改革进行了系统评估和调整，对以往考核评价中尚不够高效的形式"去库存"，引入效能更高、更彰显学习过程的评价方式。"针对考试环节，我们研究了如何降低考试压力、改进考试方法，确保学校考试指向教学的重要环节、学生的课堂表现，实现考试的高质量、高效能。"李志伟说。以语文阅读为例，学校将每周的阅读打卡、读书笔记和期末的阅读测试相结合，让过程性评价和期末评价各占比50％。同时，在考试形式上也进行创新，在包含实验的学科评价中，增加了实践报告、课题答辩等引导学生动手实践的内容。

"在传统的考试评价中，大多是他评，比如由教师或者家长来评定检测孩子的学习情况，但较少关注到孩子自我的反思和发展。"在京源学校小学部，学校在期末考试的过程中，在评价环节将学生也纳入其中。据了解，在期末考试结束后，学校组织学生进行自我反思和自我梳理，教师带着学生用思维导图的形式来回顾梳理一个学期以来的得与失；同时让学生自己分析试卷，从试卷当中捕捉、反思自己的学习："这道题错在哪儿""曾经学习这块知识的时候我用什么方法来学的""如果再出现问题我应该用什么方法"……

京源学校小学部校长王琦说："在孩子发展过程当中，最核心的是反思力、质疑和批判力的培养，在考试评价中引入孩子的自我反思环节，就是要引导学生从自己的学习过程、学习方法和学习意志力当中去认识自己的优势和不足，这样的评价才是综合的、有效的。"

四、育人观念变了　"验"出"双减"落地效果

丰富有趣的期末考试让人们"眼前一亮"，在不少孩子们沉浸在"游戏"的快乐中时，家长们的反应似乎要更加复杂：现在学校都是期末乐考，而且成绩单也以等级赋分，看不到具体分数，怎么才能掌握孩子的学习情况呢？

北京市昌平区回龙观中心小学校长高欣蕾表示，"针对期末的学生考核情况，教师会利用线上家访时间对学生的学业表现情况与家长进行沟通与交流，并根据学生存在的一些学习困难提出相应的建议，帮助家长更全面与深入地了解学生情况。"高欣蕾补充道："当然这种沟通与交流如果仅仅是在期末进行是远远不够的，在日常教学过程中，学校也为每一位学生建立了成长档案册，里面涵盖学生一学期以来各个方面、各个学科的相关资料、照片、作品等。教师在学期中，会针对学生相关表现与家长进行不定期的交流，及时发现问题、解决问题。""无论家长还是学校，都是学生成长中不可或缺的部分，只有家校携手形成常态化的交流沟通机制，才能发挥 $1+1>2$ 的效果。"

在史家小学，期末考试结束以后，学校会要求学科教师把期末考试的卷子发给学生并逐一进行点评，然后让学生针对自己的问题进行一个简单梳理后回家跟家长进行汇报。李娟介绍："如果孩子在转述过程中有疏漏的地方，学校也建立了与家长一对一的沟通联系机制，家长可以面对所有学科教师进行一对一的问询。"

"在'双减'背景下，家长要对考试进行一个新的认识。"王琦校长提出，"考试看不见分数，也是在给家长传导一种教育信号，不要单纯攀比孩子的考分。考试的目的不是把孩子考'糊'，而是要让孩子保有学习的兴趣，这也是对'双减'的践行和落实。"

在密切家校合作、引导家长转变观念的同时，考试的变化也给教师的教育教学带来了变化。"以前让老师研究试卷，多是在分析正确率、错误率；现在分析试卷，我们引导老师去研究，试卷中的每一道题都关乎学生的哪些能力的养成、哪些素养的提升，试卷背后又是否与我们的教学目标相契合。"王琦认

为，"'双减'之后，在试卷分析、诊断的过程当中，教师除了统计相关数据，更要挖掘数据背后对教学给出的提示，思考教师应该如何去教、孩子如何去学，家长如何进行家庭教育。从考试命题到综合性考量，再到试卷分析，其目的都是为了教育的提质增效，这样才能实现真正的减负。"

"双减"成效如何　全国调查报告发布

现代教育报社　娄　雪

83.5％的学生未参加校外学科培训，63.3％的学生未参加非学科类培训，50％以上的学生认为家长期望太高是学习压力的最大来源，87.1％的家长最想"提高自身家庭教育素养"……2022年3月2日，北京师范大学中国教育与社会发展研究院教育国情调查中心发布全国"双减"成效调查报告。"双减"成效如何，面临哪些困难和挑战？继续落实"双减"需要从何处发力？

一、"双减"成效　近九成学生家长满意课后服务

北京师范大学中国教育与社会发展研究院教育国情调查中心课题组对31个省市自治区和新疆生产建设兵团的213个区县、3564所学校（其中小学2078所，初中965所，九年一贯制学校384所，十二年一贯制学校22所，其他学校115所）进行了调查，回收有效问卷校长3564份、教师229361份、学生375325份、家长1079052份，同时一对一访谈12个省份、36个区县的105位校长、316位家长。

调研结果显示，校长、教师、家长和学生表示赞同"双减"政策的比例分别是96.8％、92.8％、90.5％和96.0％，尤其得到了学生和校长的高度赞同。

"双减"的实施让学生作业负担有效减轻。88％以上的教师自觉严格控制书面作业总量，75.3％的学生感受到作业量比上学期减少，83.4％的学生基本能在学校完成书面作业或完成大部分书面作业。与此同时，学校作业设计质量有了明显提高。53.2％的学生认为教师"能根据我的学习情况布置针对性的作业"，47.8％的学生认为"增加了需要动脑思考的作业"，45.9％的学生认为"增加了科学类、体育类、艺术类等活动作业"。

课后服务作为"双减"的另一项重要举措，也得到了学生和家长的高度认可。89.0％的学生对课后服务满意，其中64.2％的学生非常满意；88.4％的家长对课后服务满意，其中48.3％的家长非常满意。85.8％的学生参与了课后服务，超74％的学生每周参加5天课后服务。学校课后服务平均每天

120 分钟。学校课后服务内容丰富，超过 91％的学校提供作业辅导和各类兴趣课程。各省学校课后服务均以作业辅导和各类兴趣课程为主。

在校外培训方面，学生校外培训负担有效减轻。83.5％的学生未参加校外学科培训，63.3％的学生未参加非学科类培训。参加校外学科培训的学生中，31.5％的家长认为孩子参加学科类培训班的数量减少了。

作业减少，负担减轻，学生的睡眠时间也有了明显的增加。68.2％的家长认为孩子的睡眠时间明显增加，小学平均睡眠时间为 9.3 小时，初中为 8.5 小时。

调查还显示，"双减"促进了家校社协同育人机制的建立。95.2％的家长认为学校开展了家庭教育指导工作，56.2％的学校有家庭教育网络平台，促进了家长科学育人能力提升。

二、"双减"挑战　五成学生压力源于家长期望太高

"双减"政策的实施，也对学校办学质量、教学改革、师生关系、家校协作等都提出了更高的要求。

调查结果显示，教师高质量作业设计能力亟待提高。74.3％的教师表示，"双减"后"作业设计要求更高了"。近五成教师认为，设计高质量作业面临"作业素材与相关资源不够"和"设计分层、弹性、个性化作业的能力不强"的困难。

在课后服务经费保障方面，机制尚未健全。12.7％的学校反映，课后服务教师补贴没有任何经费保障，涉及 73 个县（市区），占 34.2％；19.5％的教师参与课后服务未收到报酬；建立课后服务经费保障机制的学校，每课时课后服务津贴平均为 57 元，各省学校之间平均在 24—86 元；乡村学校课后服务经费来源于财政补助的比例不足 20％。

在教师工作压力和负担方面，47.2％的教师每周纯工作时间超过 40 小时。60.3％的教师认为课后服务使工作量加大，70.9％的教师呼吁减轻非教学负担。

与此同时，校外培训机构仍存在违规行为。一些地方学科类培训仍然存在"提前学学科知识""占用法定节假日、周末进行培训"，以及打着非学科培训的名义搞学科培训等问题；还存在非学科培训盲目扩张、变相制造教育焦虑、价格虚高等现象。

家长教育期望值较高也对学校办学提出了新的要求。91.2％的家长希望孩

子将来能取得本科或本科以上学历，其中，希望取得硕士、博士学历的比例分别为 25.0％、22.5％。50％以上的学生认为家长期望太高是学习压力的最大来源；高收入与低收入两端的家长参加校外培训的占比高，社会经济地位高的家庭担心孩子成绩的比例高达 93.7％；32.6％的家长为让孩子上好学校常常感到很焦虑，30.2％的家长不愿意自己的孩子上职业学校。

三、"双减"建议　六大方面发力保障"双减"效果

随着"双减"走向纵深，项目组认为，还要在作业改革、课后服务、教师减负、家庭教育素养、推进义务教育优质均衡发展、实施教育信息技术公共服务赋能战略六大方面持续发力，以此保障"双减"实施效果。

项目组建议，要提升教师作业设计能力。将作业设计纳入地方教研体系和教师教研规划，对教师开展作业设计专项培训；利用各级中小学智慧教育平台，汇聚共享优质作业资源；推广智能化作业平台，赋能教师学生学情诊断，提高分层、个性作业设计与评价能力；健全作业管理制度，实现对作业来源、设计、布置、批改、反馈等全流程管理；健全作业质量评价机制，教研组定期开展作业设计质量和学生作业达标情况评价。

在课后服务方面，要完善课后服务内容和课后服务制度。一是促进课后服务内容结构化升级。建议出台课后服务课程指南，进一步强化学习困难学生的补习辅导、优秀学生的学科拓展学习和特长学生的创新创造教育，切实落实五育并举、全面发展，促进"三点半"前课堂教学与"三点半"后课后服务有效衔接。二是健全课后服务经费保障机制。三是健全课后服务资源供给机制。各地各校应充分挖掘教师潜力，努力开设丰富多彩的活动课程，同时政府应加大体育、文化、科普等公共服务资源统筹力度，采取"引进来、走出去"方式解决课后服务资源不足问题。

在教师队伍方面，项目组认为，要加强省级统筹、市级管理、城乡协同，尽快解决县城和城区学校教师短缺问题；合理安排教师课堂教学和课后服务任务，全面实施教师弹性上下班；通过购买服务、引进社区资源、强化志愿者服务等方式，增加课后服务校外资源供给比例；健全教师课后服务补贴机制；建立健全减轻教师非教学负担长效机制。

构建良好教育生态，家校社协同育人，家庭教育是关键。87.1％的家长最想"提高自身家庭教育素养"，82.5％的家长家庭教育有困难。对此，项目组建

议各级政府切实承担起家庭教育公共服务的法定责任，加快建立机构、平台、课程、社会和学校"五位一体"的家庭教育公共服务体系。强化学校在家庭教育指导中的主体地位，加强教育理念引领、学生生涯教育、学生考后学情和课后服务沟通、家庭教育指导等。

此外，项目组还建议要大力缩小校际教育资源配置差距，尽快改变老百姓心目中"好学校"为稀缺资源的局面，办好家门口的每所学校。同时，各级政府要强化教育信息化公共服务供给。平台赋能，实现优质资源在平台内流转、共享；数据赋能，依托智能化平台、智能感应终端与智能技术，实现教育教学数据全场景、全流程、伴随式数据采集，全面助力提升教学质量；服务赋能，通过公共在线教育，为学生和家长提供个性化、高质量教育服务。

四、专家观点

李奕（北京市委教育工委副书记）："双减"施行以来，在这样快速的转型和变革中，教师的担当不仅在于身体和时间上的付出，更在于自己知识能力和教育观念上的自我革新和自我超越。在未来一个阶段的发展方向，教师负担的减少需要在结构化调整和治理体系、治理能力上下功夫。可能要在两个层面上慢慢地调整，比如学校对教师人力资源的治理体系和治理方法的变化上，所谓的弹性工作制，所谓的课内课后相结合，以及对老师优质教育服务属性的萃取应用，都挑战着过去学校相对比较僵化单一的坐班、学科单一对应；在三点半之后可能我们要有新的管理模式，而不是简单地线性叠加老师的工作时长和工作量。

同时，在校内人力资源的开发上，也不局限于单纯的老师的群体，干部教师的群体，包括教师人力资源的资源观和环境观，也可以有适当的调整和变化。北京有些学校、有些区已经开始在这方面做进一步的布局，引入更多的相关资源，来丰富课后三点半服务。同时，北京所推进的干部教师交流轮岗也是在学区和集团内部，在三点半之前和三点半之后的延时服务中进一步拓展人力资源的使用范围和方式，通过这样的方式的变革来提高使用效率，减轻线性增加的时间和劳动密度。

此外，老师教育教学的管理结构，包括课堂教学、作业批改、考试命题，以及课后辅导，要考虑怎么把三点半之前课上的问题质疑和三点半之后能够有机衔接起来。在教研组和年级组整体的配合规划下，老师教育教学的校内任务能更高效地去完成。通过这样的方式提高老师育人能力，提高学校的治理水平。在质量不降、效率提升的基础上，把老师额外的负担，包括教育教学当中过去高能耗的一些做法降下来。比如低效的课堂、多余的作业、重复的考试是否可以有效压减，从而提高教育教学的效率。

杨银付(中国教育学会秘书长)：减负、提质才是目的。我们要把提质增效牢牢作为我们的目标。首先，向课堂教学要质量。比如我们的义务教育课程改革现在也正在进一步推进，包括新课标理念推进。接下来，怎么让新课程的理念更好地落地，提升教育教学效果，这才是第一位的。其次，课后服务质量以及作业设计质量，这两个部分要在课后完成。这里面的确有一些需要我们进一步研究的内容，比如说刚才讲到的经费保障机制，北京市做得比较好，全国各地还不平衡。又比如说课后服务质量，这也是家长们特别关心的，同时怎样进一步提升老师们的幸福感和获得感。

张志勇(北京师范大学中国教育政策研究院执行院长)：减负，绝对不是停留在减量上，减学生的学习的量上，减学生的学习负担上。实质上，我们是调整教育的结构、学生学习的结构，优化孩子的学习生活。转方式，转学习方式、转教学方式、转教育方式。我想这是"双减"改革的根本路径。我们最终还是要提高教育的质量、学习的质量，还要促进孩子的健康成长。

以"双减"为驱动实现学校四大转变

北京市海淀区民族小学　马万成

"双减"工作是教育初心的回归、基础教育的自我革命。作为教育工作者，应该将"双减"工作与办学理念、发展路径相结合，遵循教育规律，提高育人效能。这些年来，我校一直主张教育既要有意义，也要有意思，遵循教育的规律。我们倡导变"齐步走"为"尽情跑"，遵循孩子成长的规律；通过开办大讲堂，以专家讲、家长讲、学生讲等形式，让学生汲取最前沿的营养，有目标、有动力，遵循社会发展的规律。

落实"双减"，我校以"和融"课程为着力点，以"四有课堂"和研究性学习为突破点，以家校合力为支撑点，推动实现"四大改变"，实现提质增效。

完善"和融"课程体系，培固坚实根基。我校的"和融"课程是学校教育生态中重要部分，在"双减"背景下，将课后活动也纳入课程体系，基本结构有三个层面：基础素养课程着力培养学科核心素养；多元实践课程注重多学科融合；个性拓展课程满足个性化发展需要。

上好三门必修课，打牢人生基础。我校将读书、写字和跑步作为学校三大必修课，倡导多学科阅读，开放学生的学习方式；倡导学生每天练字，形成习惯；倡导每天完成一定质量的跑步锻炼，让学生们在自己喜欢的跑步模式中体验着运动带来的乐趣。

打造"四有课堂"，培养扎实学习力。学校由研究教师怎么"教"变为研究学生怎么"学"，提出了"四有课堂"，即有意思、有意义、有挑战、有收获。学生以真实情境的问题为引领，在课堂中思考起来、组成团队讨论起来、动手实践起来，激发学生主动学习的意识，提高自主学习的能力，让课堂学习更加高效。

开展研究性学习，变"齐步走"为"尽情跑"。学校倡议学生自愿参与、自主选题、自由组队开展小课题研究，将所学和所用结合起来。教师、家长都成为学生研究路上的引领者、指导者。例如：学生用数学的眼光观察校园，生成了许多数学问题，进而组成研究小组，开展研究。这样做的目的不是为了研究，而是为了学习，让学生在感兴趣的领域学得更多、更好、更快乐。

深入推进"双减"，我们直面社会关切，致力于推动学校教育实现四大转变：学生从被动的知识接受者，转变为内心充盈的创造者和担当历史重任的传承者；教师从教育服务的提供者，转变为以立德树人为使命的学生成长的引领者；家长从焦虑的教育委托者，转变为孩子终身学习的同行者；学校从传统的办学机构，转变为学生的讲堂、教师的学堂、家长的聚智堂和社区的文化殿堂。

"双减"落地为学校的发展、学生的成长提供了新的可能。

落实"双减" 维护和提升教师尊严

北京市第十二中学 阮守华

"双减"以来，各区、各校纷纷推行作业改革、课后延时服务、多样化社团等措施，学生在校与老师相处的方式和时间也随之增多，这无疑对教师提出了更高的要求和挑战。在"双减"背景下，维护与提升中小学教师职业尊严、激发教师工作热情，显得更加重要。

《荀子·致士》曰："师术有四，而博习不与焉。尊严而惮，可以为师；耆艾而信，可以为师；诵说而不陵不犯，可以为师；知微而论，可以为师。"为师除了具有渊博的学问之外，还应具备四个基本条件：一要有尊严的威信；二要有丰富的阅历和崇高的信仰；三要有诵经解说的能力，条理清晰，不凌不乱；四要能研通教材的精微之理，并讲解阐释清楚。如此，方能为师，全面履行"双减"的各项工作。

教育是一个润物无声的过程。教师必须品行端正，以身立教。社会可以对每位教师的能力差异有所包容，但绝不可能包容思想不端、不学无术、举止粗劣的教师。中国古代就有尊师重道之说，西方也有"人类的全部尊严，就在于思想"的哲学理念。"双减"背景下，教师更要加强自身思想政治学习，不断追求博学雅行，维护好师道尊严，争做"四有好老师"，当好"四个引路人"。

教育是一门"心术"，只有走进学生的内心，才能唤起他们心灵的共鸣，才能收获有温度的教育。"双减"背景下，教师所承担的责任和身份也发生了变化，师生之间要重建平等的对话关系。教师要以不歧视、不戴有色眼镜看待学生为底线，与学生平等相处，让学生从内心产生敬重之意、爱戴之情，学生才易接受教师的传道授业解惑。

当前，每个人的知识储备都在不断折旧，终身学习将成为教师最好的保健品。"双减"对教师的日常教学质量提出了更高、更严格的要求。教师要练就一身过硬的本领，不断磨炼提升自身教育教学水平，为学生树立起学习的目标和榜样，才能收获学生的尊敬。

从客观层面来看，维护和提升教师尊严，还需要建立教师尊严保障的外部机制。法律法规是保障教师权利和义务的重要依据，目前，我国教师法制建设也正在逐步推进和完善。加强法律法规的有效执行和落实，依法治教，从法律上捍卫教师的权利，保障教师尊严在受到侵犯时能够获得充分的法律援助和支持，提高教师的法律地位和政策地位，是维护和提升教师尊严的有力措施。

"所谓大学者，非谓有大楼之谓也，有大师之谓也"。中小学也同样如此。培养和留住优秀人才，保护教师尊严是前提。学校管理者必须牢固树立起以师为本的管理理念，尊重教师，了解教师，信任教师，给予教师充分的民主权利，充分保障教师的权益，营造并弘扬师道尊严的优秀传统文化。

教师尊严的维护和提升，有赖于每位教师自身的主体自觉，也依赖于整个社会的维护和保障。但教师尊严更多掌握在自己手中，提高自我修养，充实专业素养，方能获得长久、保质的尊严。"双减"也会因为每位教师的职业坚守而变得更加有效和有为。

科技赋能　加速育人环境智能化

北京师范大学　李玉顺

《北京教育信息化"十四五"规划》(以下简称《"十四五"规划》)于 2022 年 2 月 28 日正式发布,《"十四五"规划》中明确了"七个全面"的发展目标,并特别指出"信息技术与教育教学全面融合""信息化育人环境全面升级"的发展目标。这是北京教育信息化迈向"十四五"发展的关键特征,即充分利用科技赋能,加速育人环境智能化水平,提升基础教育育人能力。

一、从三个层面推进育人环境智能化

为了系统化推进育人环境的智能化发展水平,《"十四五"规划》在三个层面上进行了规划。一是在新技术赋能创新引领层面上,推动探索人工智能、虚拟现实、智能感知等新技术应用,打造网络化、沉浸式、智能化的新型教学模式,提高学生学习参与、有效探究和个性化发展水平,提升教育教学效果;二是在智能技术增强的教育教学全过程业务融合层面上,以技术增强的智能助教应用为突破点,推进智能助教普遍融入教学环境,支持教师完成备课、课堂教学、作业批改、学习评价等任务,切实提高广大一线教师教育教学工作效率、效益和育人效果,实现人机共教、人机共育;三是在智能技术综合赋能推进学校办学实践整体发展层面上,开展"互联网学校""未来学校"等试点示范建设,以智能技术泛在赋能的新型信息化环境整体提升学校办学现代化水平,依循教育发展规律,聚焦创新人才培养,创新人才培养模式,培养德智体美劳全面发展的社会主义建设者和接班人,打造高水平、示范引领性学校。

这三个方面的规划,清晰地反映出北京教育信息化发展进程在"十四五"阶段加速智能技术教育应用探索、布局智能技术全面融合、深化智能技术面向学校整体变革的决策之路和谋篇布局之策。

二、智能技术精细作用于教育教学全环节

实际上,智能技术教育应用是北京教育信息化深化发展的持续进程。近两

年来，伴随"双减"政策落地及核心素养导向的新课程改革进程深化发展，以科技赋能教育高质量发展的实践诉求日益强烈，呈现出了智能教育产品、服务创新涌现，学校信息化融合智能技术应用有效发展，德智体美劳育人成效导向日益深化的发展局面。

当前，以教育数据汇聚、建模、挖掘与应用为主线，以物联网技术与人工智能技术学校全业务域应用为特征，打造以 AI 中台、数据中台和应用中台为基座的平台架构体系，面向学科场景打造高品质智能化应用，推动教育信息化融合应用业务全场景覆盖，包括教育教学管理、教学、教研、评价、学习及家校共育等，使智能技术更精细作用到教育教学的全部业务环节。

基于此，在当下北京教育教学实践中，智慧屏与智慧笔、智能作业、AI 助力语言学习与能力提升、大数据赋能学校心理健康教育、数据驱动学校科学决策、智慧体育、智慧钢琴等应用全方位展开，智能技术与智能感知、虚拟现实、5G 等技术结合，创生出虚实融合的多元化创新空间。这些空间具有深度交互、体验增强等特征，能更好地促进学生主动学习与有效探究，赋能学生全面发展和个性化发展。

同时，智能技术与教育大数据发展相结合，在教育教学实践的微观、中观和宏观等多个层面，智能技术在证据导向、动态可感、可视导航等方面发挥着日益凸显的作用，加速着教育教学业务流程重构、教育教学管理精准决策、综合评价导向育人目标有效达成。

三、前景展望

"双减"政策的落地实施与深化发展，更进一步地让学生回归学校、回归课堂。高质量的教育需求、学生个性化与终身化发展的需要，都深刻地投射在当下学校教育教学改革与发展实践进程的时代需要中。因此，就学校办学实践而言，必须站在时代变迁、技术扩散和教育变革的大背景下，寻求办学实践同步时代发展的新突破，以回应技术给教育带来的全方位变革前景：从全员成功到兼顾个性化发展，从知识灌输到知识建构，从知识取向到包容能力、素养导向，从教学测验到过程性评价，从学校场域走向开放空间，从教师主导走向双主文化(教师主导、学生主体)，学校须积极探索面向互联网的人才培养模式。正是在这个意义上，《"十四五"规划》提出要开展"互联网学校""未来学校"等试点，把人工智能赋能教育教学变革的潜能与面向互联网的人才培养模式创新有效结合起来，形成高站位、深洞察、全视野的新时代学校办学愿景与引领方向。

以赛促研　八十中教育集团跨校共享"双减经"

现代教育报社　常　悦

2022 年 4 月 15 日，北京市第八十中学教育集团在枣营分校召开"减负增效，我们在行动""双减"工作交流会。来自集团的六所小学校长针对目前的"双减"教学和教研分享了经验和做法。

据介绍，"双减"以来，八十中教育集团各校聚焦政策，从本校实际出发，精心制定工作实施方案，在课堂教学改革、作业布置、课后服务等方面积极尝试，为真正减轻学生课业负担，促进学生健康成长、全面发展创造了良好的环境。上学期，集团以朝阳区"教学质量月"为契机，开展了"秋实杯"数学学科课堂教学比武活动。为进一步巩固提高"双减"工作成果，教育集团在总结"秋实杯"赛课的基础上，启动了第一届"春华杯"语文学科课堂教学比武活动。

当天，八十中枣营分校数学教师李娜和国际部语文教师李娟走上讲台，分别展示了"秋实杯"数学学科汇报课、六年级数学课"快递中的数学问题"和"春华杯"语文学科展示课、四年级语文课"猫"。朝阳区教研员李文会和朱春梅从课堂设计、知识构成、思维培养、师生互动等方面，分别就两节课进行点评。"首先要精心设计课堂提问，让学生围绕这些问题合作、讨论学习；其次，在课堂上还要发挥学生的主体作用，多给学生参与解决问题的时间；最后还要设计分层作业，满足不同学生的学习需求。"李娜说。

活动现场，八十中教育集团八十中学康营分校校长赵保现、北皋分校校长梅逊雪、睿实分校校长王彤、牌坊分校校长乔湘平、枣营分校校长岳文成和嘉源分校副校长王晔分享了本校"双减"工作的做法和经验。枣营分校校长岳文成介绍，枣营分校认真领会"双减"工作的实质，在课程设计方面做好课程规划，确立了"以学定教、问题引领、发现探究、合作学习、巩固提升、拓展延伸"的教学方针指导教师的教学。同时还积极与家长沟通，使家长充分认识"双减"是学生发展的一个机遇。

北京市第八十中学教育集团校长田树林认为，一体化发展是教育集团未来的着力点和努力目标。如何促进教育质量一体化，对集团各分校的校长及教师队伍建设提出了挑战。她希望今后各分校要勇于创新、敢于实践，不断学习借鉴全新的教育理念、深入进行课堂教学改革、优化课程设计、优化教学方式，让总校提出的"追求卓越"的标准在每所学校落地生根。

朝阳区委教育工委副书记王彪充分肯定了八十中教育集团"双减"工作的努力与成效，强调各校要认真总结经验、深化教学改革、改进教学方法、提高教学技能水平，促进集团内教学质量再上新台阶。

游戏融入比赛　激发学生运动热情

北京市海淀区苏家坨中心小学　杨　力

抓好学生的体质管理是落实"双减"政策的重要途径之一。在减轻校内课业负担的同时，给学生腾出更多参加户外运动、体育锻炼的时间和机会，对于学生的身心发展有重大意义。我校严格落实"双减"和五项管理工作要求，体育工作以跳绳为特色，坚持课内外相结合，把健康第一理念落到实处。

校长作为学生体质健康第一责任人，在贯彻落实"双减"政策的同时，提高体育课程开设刚性要求，明确"一绳在手，受益终生"的工作要求，提出"练就体育技能，增强身体素质"的口号。体育主管干部加强学校体育安全教育和管理，结合"传经典、习技艺、育德行"特色，制定了《提升学生体质健康工作方案》。体育组长带领团队落实"激发兴趣，以赛促练"要求，全面提高学生身心素质。

学校积极引入花样跳绳、足球课程等，激发学生体育锻炼兴趣。我们还以花样跳绳为特色，全员普及跳绳运动，让学生在锻炼身体之余，感受中华传统体育运动的魅力，提升文化自信。

我们采用"外聘＋校内专业教师＋辅助教师"相结合的方式弥补教师资源不足，将每周五下午固定为体育教研活动时间，形成了"专业教师练技能，辅助教师带活动"的体育教学协作模式。体育教师积极参加教研活动，认真备课，上好每一节体育课，形成了聚焦"学、练、赛"，逐步完善"健康知识＋基本运动能力＋专项运动技能"的体育教学模式。

学校每天一节体育课，每天一个课间操，每天下午有体育活动，确保学生校内运动时长不低于100分钟。课间活动和体育游戏相结合，课间操和大课间在落实部颁操和武术操的基础上，开展绳操、班级自编操，不断激发学生的创造力和积极性，提升学生的综合素质。

在保证校内充足锻炼的同时，学校还结合健康测试项目和跳绳特色设计体育任务，各班由班主任协调，家长参与并督促学生体育锻炼，确保学生有足够的校外体育活动时长。跳绳体育家庭任务效果明显，班级学生单摇跳绳成绩平均提升 39 个，学生体育成绩和身体素质显著提升，参与体育活动的热情越发高涨。

此外，学校还通过体育游戏、课间活动、体育运动和竞赛相结合的方式，丰富课外体育活动内容，激发学生参与热情。我们号召学生走出教室、走向操场，积极参加足球、花样跳绳、轮滑、空竹、体育游戏等，引导他们养成体育锻炼习惯和健康的生活方式。

学校还将体育测试项目、游戏融入比赛活动中，通过冲关赛开展学生综合素质运动会，每周开展十人八字长绳打榜赛，组织课间操、队列比赛和冬季长跑等体育活动，以赛促练，增强学生集体荣誉感与凝聚力。丰富的课外锻炼与竞赛提高了学生对外界事物的适应能力，帮助学生养成坚持体育锻炼的习惯和良好的心态，塑造了学生的性格，促进了学生体质健康发展。学校跳绳队在全国跳绳联赛中共获 14 金、12 银、10 铜，花样跳绳多次获得北京市比赛特等奖、一等奖的好成绩。

第二部分　提升课堂教学质量

贯通三级课程　促进课堂实效

现代教育报社　付　磊

近日,"落实'双减'多元整合提质增效"市区校联动课程建设研讨会在石景山区古城第二小学召开。

一、校本课程撬动全学科

展示课上,古城第二小学教师武大莉为学生们创设了过山车的情景,通过任务驱动等方式调动学生的好奇心,激发学生思考。

"通过对教材的梳理,将这节课定位为综合实践的课程,同时从中找出孩子可以接受的知识点,用学生能够接受的方式,把它放到课程中。"武大莉介绍。"将整个知识脉络都联系在一起。孩子们获得的知识并不是散点,而是知识网。"北京教育学院石景山分院数学教研员孙庆辉点评中指出,这节课引导学生乐学善思、勇于探究,注重"观察—猜测—验证"的数学学习方法的培养,充分发挥数学课程的育人功能。

当天,古城第二小学语文、美术、劳动三位老师带领学生们以项目式学习为驱动,展示了"趣味"又有"年味儿"的"美丽的吉祥纹"一课,用"吉祥古二"创客作品体现多学科素养的综合运用与创作,进一步弘扬优秀传统文化。首都师范大学初等教育学院崔嵘副教授指出,这节课基于项目、本于学生、出于学科,通过"读—研—创"的校本"书·旅"课程引领学进行文化寻根,打造出在"活动中体验、合作中探索、开放中创新"的课堂文化。

这样的课堂文化需要老师们精心设计,古城第二小学校长刘晓群认为,学科联动对老师要求更高,要让老师们在一起产生"一加一大于二"的效果。通过

"书·旅"课程撬动全学科，以项目式学习的方式来带动整个学科联动，再以劳动教育撬动全领域。

二、名师工作坊助力提质

在"双减"政策出台后，如何推进课堂的提质增效，如何推动老师进行课堂变革？古城第二小学交出了一份自己的答卷。刘晓群表示，学校专门成立名师工作坊，涉及所有学科。借助市、区专家的力量，共同提升、共同研究。通过工作坊推动老师进行课堂变革，激发老师们的内需。老师们要教研什么，学校会给老师们一定的空间，鼓励老师做深入探究。同时，鼓励老师们在大单元理念下，考虑学生的学习内容，将节省出的时间用于课堂教学和作业的及时反馈，从而达到减负提质的目的。

古城第二小学通过课程群的构建，引导教师勇于打破学科边界，通过"基础课程"实现单元和学科整合，通过"拓展课程"开阔学生视野，通过"实践课程"实现学生素养的全面提升，从而将三级课程贯通，落实五育并举，让教育效益最大化，让课堂教学在润物细无声中提升学生各项能力。

注重细节管理　提高"双减"实效

北京市延庆区第一小学　段金星

落实"双减"，除了要通过学习相关文件明确"为什么减""给谁减""减什么"，还需要研究"如何减"的问题。老子在《道德经》中写道："天下难事，必作于易；天下大事，必作于细。"细节是决定成败的关键。延庆一小在制定双减措施的过程中，注重细节管理，切实提高"双减"实效。

一、"重六备"细化备课管理

备课质量是课堂教学的保障，学校根据小组合作学习生态课堂的特点，要求教师做到六备。

备教材：明确知识点和核心能力，清楚单元、课时、合作目标。进一步强化制定教学目标时，既要关注知识目标——学生学会了什么，更要关注育人目标——学生成长了什么。上课时分解、落实到每个学生学习活动中，使知识目标和育人目标有清晰的落脚点与着力点。

备教法：对课堂合作点、合作次数、工具(学习单、小白板、时间条等)使用进行详细设计。

备学生：了解学生的已有知识和可能达成的状态。树立四个意识，即前测意识(学生已掌握)、底线意识(学生应掌握)、合作意识(学生合作能力)、随堂意识(生成资源的运用)。

备预设：针对课堂中所有可能出现的情况进行充分预设，如：学生可能出现的争论点、可能出现的答案、自己讨论解决不了的问题、出现特殊情况怎么进退等，并准备处理策略。

备练习：精心设计练习内容，完成当堂目标并为后续学习做好充分铺垫。

备评价：建立评价内容多样、评价方式多元、富有学科特色的评价机制，以评促学。

在教师独立备课的基础上，加强教研组的集体备课，充分利用教研活动时间，从六个方面进行交流研讨，互相补充，互相完善，提高备课的实效。

二、"三强化"细化课堂管理

抓住课堂主阵地，细化目标任务，深入推进"小组合作学习"，促进学生全员、全过程参与到学习中，培养学生自主学习的能力，提高课堂实效。

强化学习单使用。教师每节课都为学生设计了以活动为载体的学习任务单。学习单充分体现知识的本质、知识的开放、知识的探究、生活的趣味。

强化课堂生成。课堂中通过独立学习、小组交流、全班分享三个教学环节，促进全体学生参与到学习活动中，把学习的空间和时间还给学生。学生小组间进行充分质疑、补充，与同学在思考、辩论、交流、补充、展示的过程中，不断完善自己的认知，通过师生互动、生生互动促进学生深度思考，提升学生的思维能力。

强化工具开发。加强学习工具的开发和使用，精心设计预习单、活动单、练习检测单，有效使用磁力白板、红绿灯表达器、计时器、思维导图，聚焦学生的"学"，关注学生的智慧思维、思想方法和学习策略，提高小组合作学习的实效性。

三、"四关注"细化作业管理

"双减"以来，学校提出"书本上的作业不出课堂，书面的作业不出学校"，优化作业设计是关键的一环。

勾连教学环节，关注作业内容的实效性。设计时根据教学环节将书后作业巧妙地穿插在学生的学习单中，课上随着教学环节的推进完成相应的练习，做到书本作业不出课堂。

结合学情特点，关注作业内容的层次性。设计基础性作业、提高性作业、延展性作业，让不同的学生能够根据自己的能力、兴趣、需要，在作业的数量与深度上有自己的选择。

设计拓展活动，关注作业内容的实践性。结合教学内容，设计丰富多彩的综合实践活动，让孩子们在实践中运用，将知识内化为学生的学科素养。作业设计以问题解决为目标，形成"教学—问题情境—作业解决—引导关注社会与实践"的发展脉络。

重视知识构建，关注作业设计的逻辑性。单元知识学习后，由原来的"散点练习"变单元"结构构建"，把每课时内容、每单元内容的散点化练习改变为将知识结构化梳理。

在学科作业之外,与学生共同完成丰富多彩的课后作业,如引导学生进行体育锻炼、劳动实践、艺术欣赏、科技创新、家务劳动等。同时激励学生在周末或节假日参加社会实践与公益活动,增强责任担当与社会交往的能力。

四、"多形式"细化校本教研

"双减"工作推开后,学校改变原来的教研活动时间,根据学科授课时间,将教研活动排进课表,周一上午第一、二节课为科任学科;周二下午第五、六节课为语文学科、数学学科。

主题教研:根据"双减"的工作要求,各学科组确立教研主题,如:小组合作在课堂的深入推进、学科有效作业的设计、学习单在教学过程中的使用等,围绕专题开展有针对性、实效性的活动。

课例研讨:在实践过程中,根据不同需求,学科组采取"一课多讲""多人一课"等磨课方式,促进教师教学能力的提升。

联合教研:学校每周二开展行政听课活动,分东西两个校区跨学科、跨年级开展教研活动。校长带领所有干部把脉课堂,引领教师通过多种措施提高课堂教学的实效。

新中考带学生跳出"为考而学"怪圈

——减少记忆性试题　增加综合性试题　坚决防止偏题怪题

现代教育报社　凌月云　娄　雪

一入 4 月，众多初三学生的中考复习开始进入紧张阶段。4 月 6 日，《教育部关于加强初中学业水平考试命题工作的意见》（以下简称《意见》）的发布，在考生和家长心中引起了不小的"震动"。《意见》特别强调，要减少记忆性试题，增加探究性、开放性、综合性试题，坚决防止偏题怪题。在距离中考只剩两个多月的情况下，考生该如何做出相应的调整？

一、政策速览：六大举措直指巩固"双减"成果

2022 年将迎来"双减"政策实施后的首次中考，其命题工作的改进对于引导深化义务教育教学改革、促进减负提质、巩固"双减"成果具有重要意义。为此，教育部出台了六项举措。

排在第一的是推进省级统一命题，要求 2022 年力争实现，2024 年全面实现。主要目的是为了避免个别地区因为命题人数不足、质量不高等原因，而不能保证命题的质量。

第二是强化试题的政治性审查，引导学校全面发展素质教育，引导学生树立正确的世界观、人生观和价值观，旨在培养出德才兼备的学生。

第三是依据课程标准命题，不得超标命题和随意扩大、缩减考试内容范围，严禁将高中课程内容、学科竞赛试题以及校外培训内容作为考试内容，确保依标命题、教考衔接。这项举措也是最让初中生和家长觉得心安的一个重大调整。

第四是科学设置试卷难度，要根据不同学科特点，合理设置试卷试题结构，减少记忆性试题，增加探究性、开放性、综合性试题，坚决防止偏题怪题，促进有效考查学生综合素质。

第五是认真遴选命题人员，以优秀学科教研员和初、高中骨干教师为主，积极吸收符合条件的高等学校、科研机构及其他相关机构的专业人员。严禁命题人员参与考试辅导材料编写和校外培训活动。

第六是规范中考命题管理，坚持试题命制人员和审核人员分离，加强试卷政治性、科学性、技术性、程序性审查和学科交叉审查。

二、信号传达：让灵活学习的学生尝到学习乐趣

"老师，这个会考吗？如果不考，您为什么还在这上面花时间？"担任一线教师多年，北京八中初中部语文学科高级教师王红宇最怕有学生这样询问她。看到教育部发布的"双减"背景下的中考改革方案后，王老师感触最深的是这样的改革政策才是从学生发展的长远角度出发；这样的导向才能让学生从"一心为考试而学"的怪圈中逃离出来。她表示，只有这样的考试才能避免学生死记硬背、辛苦地去学，让灵活学习的学生品尝到学习的乐趣。

在北京市广渠门中学数学教师刘伟兵眼里，教育部发布"双减"背景下中考改革方案，根本上是要从"育分"转向"育人"，把"立德树人"做好，把德智体美劳全面发展落到实处。他认为，中考方案的发布就是落实"双减"的一个重要举措：减轻考试压力，改进考试办法，用中考这根"指挥棒"，引导教学回归课堂，向课堂要质量，让课堂真正成为学生关键能力的培养、核心素养的形成、个性化的发展、想象力的开启、创新思维的涵泳的主阵地；引导教师做好作业设计，精选题目，分层次、分对象设计作业，个性化、弹性化布置作业，既让一部分学生"吃得饱"，又让一部分学生"吃得好"，还要让一部分学生"吃得了"；引导课外辅导求实效，课后服务要针对学生年龄特点、家长需求和课程结构按需供给，同时要进行分层分类设计，让学生在课后服务中有实际获得。

在充分领会"双减"背景下首次中考改革方案后，北京四中初三年级组长、物理教师樊跃龙用非常肯定的语气告说："从减少记忆性试题、偏题、怪题，增加探究性、开放性、综合性试题来看，今后的中考将更加注重考查学生灵活运用已学的知识和方法，解决实际问题的能力，进一步考查学生的综合素质。"

三、贴心提示：盲目刷题不可取

"双减"后的首次中考，其试题难度可能会降低，但是题目的灵活性、知识内容的能力性方面并没有降低。这就意味着高估课外教辅材料，低看教材中的任何内容，一味地、盲目地大量刷题，并不一定就能取得理想的成绩。在采访中，多位教师表达了这样的观点。

中央美术学院附属实验学校初三道德与法治学科备课组长王帅认为，从历

年的中考和各区的模拟题看,道德与法治学科坚持理论联系实际,考查学生综合运用知识分析问题以及解决实际问题的能力,通过鲜活的命题和贴近学生的素材,更加注重引导学生关注时代和社会发展,感受城市变化。他表示,"多样的时政背景,细微的生活场景,小切口的引入方式,为试题注入时代活力。因此,采取刷题的方式十分不可取。"

同样对刷题持反对意见的还有北京市陈经纶中学劲松分校初三英语学科备课组长李丽。作为一名英语学科市级骨干教师,她建议学生需要了解自己的薄弱项、优势项,区别对待、专项练习。对于优势学科,建立探究性、开放性、综合性问题练习笔记本,总结每次此类习题做题反思,发现自己的问题点;针对问题点向老师寻求帮助,寻找解决问题点的方法、策略,提升解决开放性、探究性问题的能力。对于薄弱学科,从基础做起,找同考点的题,建立薄弱考点习题集,分析考点、总结经验,保证基础题不丢分;在此基础上,再攻克中等题。切勿无针对性地刷成套的题,否则既浪费了时间,也没有太大收获。

"每一份试卷出卷人总要避免考旧题,尽量从新的角度、新的层面上设计问题。但是考查的知识点、能力点和学科素养是恒久不变的。"基于这样的深刻理解,刘伟兵老师直言大量做题并不是正确之举,反而会让学生陷入无边无际的题海之中。他进一步解释道:"解决问题的办法是从知识点和思想方法的角度,分别对所解题目进行归类;总结解题经验的同时确认自己是否真正掌握,并确认复习的重点。"

四、教师支招

(一)开放性试题 要审准题答到位

探究性、开放性和综合性试题对知识点的考查比较综合,且形式多样、设问灵活,让不少学生感觉"不好答"或"答不到"点子上。对此,王帅老师的建议是:要使用学科术语、紧密结合材料、总结自身观点。他为此还总结了"思维三步法":第一步是"找",即寻找设问关键词。如"说明为什么中国没有过不去的坎儿",需要思考"坎儿"的含义。第二步是"变",即转变设问。把试题设问转化为最直白简单的表述,便于更好地理解设问及作答。第三步是"析",即分析素材联系知识点。注意审读材料,在与考点相关联的素材信息处标注下画线,并批注关联的考点。

北京市第十三中学初中部化学学科高级教师朱静认为,学生要破解化学探究试题，首先要解决审题不够仔细和语言表达不准确或者不完整这两个问题。她举例说，考生一定要将题干中的实验目的、实验要求、操作步骤的关键词读熟、读透。题审清楚了，作答时用简单句表达清楚即可。

"对于开放性、探究性试题，不要盲目畏惧，这类型题目涉及的基本知识都是课上学过的，不会涉及高中甚至竞赛内容。"樊跃龙老师表示，学生应对物理学科综合性试题，重点要加强对基本概念和科学方法的理解，这样有助于从题干或材料中提炼出相应的物理量，进一步明确"自变量""因变量""不变量"。对于可以直接观察或测量的物理量，可以选用合适的测量工具；对于不能或者不方便直接观察或测量的物理量，可采用转换法来处理。

(二)科学应考从细节做起

"临近中考，不论家长还是学生，一定要相信老师，跟好老师的复习进度，千万不要被网上一些信息左右。学校老师引领大家复习的内容才是最权威的。"王红宇老师表示，在复习和练习中找到知识的欠缺、失分的原因，从中巩固所学并找到解题的思路。在写作上，她还提醒同学们：千万别以为背上几篇文章就可以灵活应对中考，而是要不断从生活中积累素材，进而才能写出具体生动、富有真情、让人爱看的文章。

王帅老师给学生的备考建议是：学生要主动参与课堂活动，对于老师提出的问题要多角度思考，并勇敢地表达自己的想法和观点；并且珍惜每一堂练习课，认真思考，善于总结，特别是主观题部分，通过答题，才能准确发现自己存在的不足，及时查缺补漏；讲评课中学会听课，听老师分析问题的方式、应对不同题型的不同答题思路，并学会准确解读设问，提取材料中有效信息并将关键字、词标注出来，运用学科知识清晰答题。

北京市顺义区教育研究和教师研修中心初中物理教研员刘艳辉提示初三学生：可以从整体、学科、心态三个方面进行调整。一是整体规划，明确所考学科中哪些学科的提升空间比较大，提升点在哪里，然后制订相应的复习计划，合理分配复习时间；二是将各学科的问题进行归类，明确解决此类问题的方法，然后利用适量的相关题目练习巩固保证掌握方法；三是心态稳定，关注过程而不是结果，让复习"沉浸"在学生成长的状态中。

对于物理学科，樊跃龙老师建议学生可以少一些碎片化的记忆，多一些专题的形式进行模块化复习，以达到融会贯通的目的。他表示，学生要重视错题，并将其分类，针对易错的同一类型题目，适当加以练习。

大兴启动"深度学习教学改进"项目

——首批 13 所学校加入教研实验

现代教育报社　王小艾　巴宇萌

2022 年 4 月 15 日，大兴区教育系统召开"深度学习教学改进项目研究基地"启动会，北京师范大学大兴附属中学、大兴区兴华中学、大兴区第五小学等 13 所学校被授牌成为大兴区"深度学习教学改进"项目首批实验学校。启动会后，项目组专家还围绕深度学习主题，对相关学校教师进行了"深度学习教学改进"项目的通识培训。

会上，海淀教师进修学校大兴分校执行校长申军红详细解读了"深度学习教学改进"项目的背景、目标、内容和预期成果等。据介绍，该项目将按照三年三个阶段的时间节点统筹推进，实施内容共包括调研项目研究基础、开发优质教学案例、探索研修模式创新、提升校本教研质量、培育项目骨干力量、宣传交流区域经验六个方面。项目将通过形成研究报告，研制《深度学习教学关键问题指导》，建设深度学习教师研修课程资源等，实现学校课堂教学提质增效，促进学生核心素养发展和教师专业能力提升，进而推动大兴区教研转型。

未来，在教育部课程教材研究所及项目组专家的指导下，大兴区教研员将与各实验校骨干教师形成学习、研究、实践的共同体，系统规划和研发不同学段、不同主题内容的单元教学案例，把深度学习的理念、方法、经验带给一线的教师，在区域教学中发挥引领和辐射作用。

教育部课程教材研究所副所长刘月霞介绍了"深度学习教学改进"项目的探索与实效。她表示，要发挥课程教材研究所的平台和资源优势，助力大兴区落实"双减"工作要求，提高教育教学质量。为确保合作顺利进行，教育部课程教材研究所将指导大兴区研制实施工作方案和工作计划，建立联席会议制度，线上线下相结合解决工作推进中的重大问题。与此同时，还将组织或指导多种形式的研修活动和学习交流，及时分享项目研究成果。

此次会议采用线下与线上相结合的形式，教师进修学校设主会场，各校设分会场，各中小学校长、教学干部、骨干教师、教研员参会。启动会后，总项目组综合组的五位专家还围绕深度学习主题，从价值意义、内涵特征、教学设计、教学实践、教学评价等方面，开展"深度学习教学改进"项目的通识培训。同时开展高中语文、数学、英语等12个学科的研修活动。

据了解，自高中新课程实施以来，大兴区高中教研员分批次参与了指向核心素养的"深度学习教学改进"项目的一期、二期研修培训，理解"深度学习教学改进"项目的价值意义，部分学科还开展了基于深度学习的教学实践模型的单元教学探索与实践活动。随着义务教育阶段"双减"工作的推进，大兴区小学教研与初中教研部门还开展了作业攻坚项目与课堂教学提质的研究与实践。这些探索与实践都为深度学习教学改进项目研究启动奠定了一定的基础。

那一刻，终于迎来柳暗花明

北京教育学院石景山分院　杨红兵

当樊老师"走月亮"一课的课堂教学录制终于完美收官，我们都兴奋不已，过程之中到底经历了什么？教师是如何走出困境，迎来柳暗花明这一刻的呢？

这还要从一次"双减"背景下的开学视导说起。樊老师的这节课，首先带领学生抓住"月亮牵星图、月下溪边图、月下田园图、月亮升起图"这条线索，先后走进"月下溪边图"和"月下田园图"。通过引导学生声情并茂地朗读和背诵，了解了"我"和阿妈走月亮时在溪边，在田旁的所听、所闻、所看、所想，感受到母女之间的浓浓亲情。此时，教师在黑板上留下了"看、听、想"三个字，这也成了接下来学生仿写小片段的支架；接着，在总结写法之后，教师让学生简单说一说自己生活中的那幅月下美景图，然后让学生动手进行小练笔。大部分学生刚刚开了个头儿，下课的铃声就响了，教师随即把小练笔的任务留给学生课下完成。

教师的整体教学比较顺畅，但从"双减"角度来看不甚理想。本节课教师只关注了自身教学设计的完整，却忽略了学生学习活动的始末，特别是仿写小练笔，只要是动笔写作，多数学生就会感到有难度。虽然教师提供了看、听、想的练笔支架，但学生只是生搬硬套，缺少与生活的关联，甚至写的与现实不符，还有一些编造的成分，可以说这一作业的完成显然实效性不强。追根溯源，可以看到学生课前没有做好充足的观察准备，仅靠课堂上的头脑风暴是无济于事的。课上教师的支架搭建不到位，也会造成学生对于方法规律的掌握心中无底、模糊不清，运用起来也就无法得心应手。

为此，我们进行了多次研讨。第三次走进老师的课堂时，教师以学生的画作为导引，将"月下溪边图"呈现在每一个学生的面前。由于有了课前的预做，学生针对这幅画进行补充、完善。在完善中学生能把作者看到的比较完整地呈现于画中，但对于作者的联想就容易忽略了，此时教师给学生以提示，让学生思考怎样呈现作者的联想呢？这时，学生很快就顿悟了，他们认为可以用"泡泡图"表示。由此，画面变得充实而丰满了。在此基础上，教师引导学生聚焦重点，进一步激情引趣，在朗读中赏景、悟情。之后，将这一方法迁移运用到"月下田园图"的阅读中，此时以小组合作的方式完成图画，然后与全班交流，完善画作。"完成两幅画"这一作业，帮助学生整体理解了作者所描述的情境，也为学生背诵、积累语言提供了抓手。当两幅图画一起比较时，学生很快发现了作者的写作规律是"运用多感官观察再加上丰富的联想"，对学生的习作有了直观启示。这样的写法能将画面生动地呈现于读者面前，由此突破了学习的难点，比较之中习作方法显而易见，习得方法就变得自然而然了。此时，再引导学生运用学到的方法修改习作，就会水到渠成。实践证明，这样的作业不仅激发了学生的学习兴趣，还给了学生发挥的空间，打破了碎片化的阅读理解模式，拓宽了学生的思维视角，给课堂带来了别样的变化。

无论是在课前、课中还是课后布置作业，都需要教师精心设计，从学生学习的需要出发，去创设情境，去搭建支架。当教师迎来柳暗花明的时刻，便是走入拨云见日的幸福境界！

北京高考试卷解析释放新信号

——教考深度互动　助推"双减"落地

现代教育报社　凌月云　王　燕

"坚守以立德树人为根本，以学科素养为核心，注重教考互动，关照学生学习、生活现实，助力'双减'落地……截至 2022 年 6 月 9 日，北京市 2022 年高考已完成语文、数学、英语三个科目的考试，相关专家就试卷特点和命题趋势进行了解读。"

一、语文

(一)重视基础性　查综合能力

2022 年高考语文(北京卷)是新教材与新高考结合的第一年，在试卷结构、题型设置、考查内容等方面基本保持稳定。同时，试卷体现了坚持"立德树人""以考育人"，弘扬社会主义核心价值观，具有正面引导教学的积极作用。

(二)实用类文本阅读　侧重综合考查

本大题包含 5 道小题，分值为 18 分。其中 4 道小题为客观题，1 道小题为主观题。试题遵循素养立意的原则，能考查出学生在具体情境中完成具体任务时所反映出来的核心素养水平。例如，学生在完成第 1、3 题时，需要基于材料的阅读，提取信息，理解相关概念，进而完成任务。因此，日常教学可从情境入手，从文本出发，提升学生对信息的筛选、整合、归纳等阅读能力；同时还要进一步提升学生的分析、概括、比较等思维能力。又如第 5 题考查学生在整体把握材料的基础上，提取与整合、归纳与提炼、理解与推断、说明与阐释的能力，具有极强的综合性。因此，日常教学中要给学生提供社会生活、个人体验、学科认知等语文学习情境，整体设计语文学习任务，统筹调配阅读与鉴赏、表达与交流、梳理与探究等语文实践活动，重点关注学生在完成任务过程中所获得的语言知识与语言能力，思维方法与思维品质，情感、态度与价值观。

(三)文言文阅读　突出育人价值与基础性

文言文阅读的文本选择、考查内容与形式等均保持了稳定，突出育人价值与基础性考查功能。

阅读文本取材于典范的史传作品《汉书·贾谊传》，在对比中强调注重礼义教化的治国之道，并涉及个人成长环境对道德修养的重要影响，引导学生体会中华文化核心思想理念和人文精神；简洁严谨的语言材料也有助于学生加深对母语的认识与热爱，具有鲜明的育人价值。"以礼义治""以刑罚治"的对比辨析，也有助于引导学生增强理性思辨能力，形成批判性思维，提升思维品质。

基础性主要表现在考查内容的选择上。第6、7题考查常见文言实词、虚词在文中的含义和用法的理解，第8、9题考查文言文文本内容的理解与推断，第10题考查主要段落文本思路与内容的梳理、归纳，对文言文阅读与逻辑思维能力均有一定要求，但也属于基础性阅读能力。几道试题均指向文言文阅读的必备知识与关键能力考查，保证了基础性考查功能。这也可以看出，重视与教材的联系是2022年文言文阅读试题的重要特点。

(四)名著阅读　考查基本素养与方法

2022年起，北京卷高考名著阅读改为《论语》《红楼梦》二选一考查。2022年选择了《红楼梦》作为考查内容，分值由6分增加到10分，加大了考查力度。试题提供《红楼梦》第一回中涉及《石头记》等五个书名的文本片段，要求考生解释不同书名与作品内容的关联，进而谈《红楼梦》作为书名的合理性。

试题看似专业性较强，实际上仍是指向对古代文学经典作品主线情节、核心主旨、主要人物、艺术手法、悲剧意蕴的理解、分析，学生能够结合自己的阅读体验，选择其中三个书名进行解说即可。试题考查指向名著阅读的基本素养与方法，且具有开放性，保证了区分度，不同阅读水平的学生都有展示个性化阅读成果的空间。试题同样体现了联系教材的导向，教材《红楼梦》阅读单元的学习任务提示重视前五回的纲领作用，理解主题、解说书名与主题思想等，这些要求与试题考查方向一致，引导教师关注整本书阅读的基本途径与阅读方法。

(五)文学类文本阅读　重视理解分析和鉴赏力

文学类文本阅读注重考查学生的文学素养和审美鉴赏能力，呼应语文学科核心素养。选文出自北京大学著名教授、诗歌评论家谢冕先生之手，内容简明精当，文字浅近清通，情感深挚明朗。它引导学生关注家乡，关注生命的成长，关注个体生命与北京这座城市的共同成长与发展。考生阅读起来应该不会感到障碍，这一点很好地体现了对疫情下的考生的关怀。

文学类文本阅读共四道题，命题数量、分值和命题方式与 2021 年甚至 2020 年大同小异，表明北京卷文学类文本阅读的连续性和稳定性。4 道题主要考查词语在文中的含义、文意理解、内容梳理、重要段落的分析品读和对结尾句的理解与鉴赏，既考查学生整体把握文本的能力，也考查分析品读鉴赏的能力，这样的命题既尊重文学阅读的基本规律，又引导师生关注关键能力的训练，如理解能力、分析能力和鉴赏能力。

(六)命题启示：灵活运用教材　落实核心素养

从整套试卷来看，不考死知识，且综合性很强。同时，试题重视对教材的呼应与联系，它引导一线教学重视教材的同时灵活运用教材，落实核心素养要求。

在各类文本的阅读中，既有对细节的考查，也有对文本整体的把握，因此教师在教学中不光要引导学生关注社会生活、个人体验，还要进一步提升学生的语文综合素养。

二、语文·作文

(一)回应新教材　呼应现实生活

2022 年的作文题目，无论是三选一的微作文还是二选一的大作文，与前几年命题几乎无异。题目平和稳定、简洁大方，不故弄玄虚，也不装腔作势，功能鲜明，既贴近考生的学习实际和生活实际，又引导考生关注自身成长。

(二)微写作：注重关联生活情境

2022 年的微写作仍然是三选一，3 道题各有侧重。第一题侧重于议论，由阅读入手写启事。虽然是实用文体，但强调"阅读带来审美愉悦"，既体现思辨性，也呼应审美能力，题目有一定的深度和难度。第二题侧重于说明，由核酸检测的情境生活再现，引导学生关注生活，注重考查学生的生活设计能力，实用性特征鲜明。第三题侧重于抒情，要求以"像一道闪电"为题，写一段抒情文字或一首小诗，文学性突出，抒情色彩突出，想象的空间十分广阔。3 道题都注重关联生活情境，引导学生在真实的情境中写作，锻炼学生的语言实践能力。

(三)议论文写作：联系教材强调思辨性

大作文的第一题写议论文，要求以"学习今说"为题写作。题目明确简洁，不在审题上"弯弯绕"，但内涵丰富深刻，引导性强。

首先，它引导学生关注教材学习。统编本必修上册第六单元主题即为"学习之道"，其中就有一篇《劝学》。《劝学》的开头就是"君子曰：学不可以已"。该单元的研习任务中有一道题，即要求学生写一篇"'劝学'新说"，命题人正是在此基础上翻出新意，暗暗扣合教材的。

其次，本题的思辨性很强。命题人在提醒考生思考古人对学习的态度时，又注重引导学生在今天重新思考学习的意义。这对于思考传统文化新义、思考如何在现代意义上提升对学习的认识十分有必要。

最后，可能还考虑到题目的论说性，命题人还善意地在命题要求中提醒学生可以从学习的目的、价值、内容、方法、途径、评价标准等方面加以探讨，既帮助考生打开思路，也体现了对考生的人文关怀。

(四)记叙文写作：引导学生思考当下的学习和生活

大作文的第二题写记叙文，要求以"在线"为题，题目很简单，但联想和想象的空间十分大，只要是与"在线"有关的内容，几乎都可以写。题目贴近当下学生的学习实际和生活实际，而且不仅是学生的，也是当代大众的。既引导学生思考当下的学习和生活，也思考如何在特殊状态下调整人生的方向。同时，"在线"这个题目也有一定的象征意义，学生既可以描述在线学习和生活，也可以就此感发开来，写一写特殊的"在线"状态和意义。

(五)命题启示：关注时代　多维思辨

高考北京卷作文命题，一直以来都追求明确的命题意识，大多以命题作文为主，文体明确，一个议论思辨，一个联想感悟，不在审题上设置障碍，而要求考生感悟生活、关注时代、深入思考、多维思辨、淬炼认知，写出自己的真知灼见和真情实感，这个导向是十分好的。

★语文点评专家★

王彤彦　北京教育科学研究院基础教育教学研究中心

何　郁　北京市朝阳区教育科学研究院特级教师

南海涛　北京教育学院石景山分院特级教师

三、数学

(一)体现稳中求进　突出素养考查

2022年高考北京数学试卷整体上符合国家课程标准要求，结合北京市高中数学教学的实际情况及学情特点，知识内容覆盖全面，突出主干；情境问题设计多样，指向数学素养。相比于去年，在试卷结构上保持一致，在考查内容上基本保持一致，强调基础性、综合性。在试题的表述形式上简洁、规范，图文准确并相互匹配，呈现方式及作答方式坚持多样化，延续了北京数学试卷"大气、平和"的特点。

(二)体现基础、综合、灵活的特色　给不同能力学生提供展示平台

北京卷创新问题情境，坚持素养导向。相比于去年，在试题的情境和设问上适度变化，强调数学素养的发展。例如：第16题依然是解三角形问题，但是结构良好，对正弦定理和余弦定理的考查回归基础，突出考查数学运算素养；第17题依然是立体几何问题，证明线面平行以及求线面角的设问也很熟悉，但是第二问的结构不良，需要在给出的两个条件中选出一个作为已知，以确定侧面的形状，考查学生思维的严谨性。又如：第7题以北京冬奥会上国家速滑馆"冰丝带"为背景，第18题以校运动会铅球比赛为背景，情境紧贴现实热点和学生生活，突出考查应用数学知识解决现实问题的能力。

试题在体现知识考查的全面性、基础性和综合性的同时，突出考查了学生分析问题和解决问题的能力，重点关注数学本质和思维品质的考查。例如：第8题二项式定理问题，既可以利用初中的公式展开，也可以赋值利用通解通法来解决；第10题的背景是一个向量问题，考查了用代数知识解决几何问题这个基本方法，体现了学生的数学思维水平；第20题利用导数知识解决函数综合问题，充分体现了导数的工具作用，对函数知识本质的理解有一定要求。

关注数学应用，考查学生实践能力。实际应用问题关注学生的身边事，体现了数学源于生活且高于生活，以及数学作为基础学科的应用价值。例如：第18题以学生熟悉的校运动会铅球比赛创设生活实践情境，通过研究甲、乙、丙三位同学以往的比赛数据，考查学生在不同容量的样本数据中，灵活运用概率统计知识分析问题和解决问题的能力，引导学生用数学的思考方式解决问题、认识世界。创新问题关注数学本质，体现数学的思维特点。例如：第21题以数列为载体，考查学生对新情境、新知识的理解，让学生在阅读数学符号和认识新概念的基础上，即时学习并创新应用，体现了获取新知识的能力和创新意识。纵观整份试卷，保持了北京试卷基础、综合、灵活的特色，稳中求进。在突出对基础知识、基本技能、基本活动经验和基本思想方法考查的同时，突出对数学素养的考查，展现了数学学科的育人价值。这套试卷给不同能力水平的学生提供了展示的平台，对数学学科的日常教学及深化改革有积极的引导作用。

(三)命题启示：引导教学在六个方面"下功夫"

2022年高考数学继续保持"入口易、口径宽，深入缓、出口难"的特点，坚持"立德树人、服务选才、引导教学"的命题指导原则，形成了"一个中心：立德树人；两个着力点：数学素养、创新能力；三个突出：主干知识、思想方法、问题解决能力；四条路径：试卷结构、呈现方式、试题素材、数学本质"的评价体系，导向中学对"四具备"人才的培养，即培养具备自觉的数量观念的人，具备严密推理逻辑的人，具备高度抽象概括的人，具备一丝不苟、精益求精作风的人。引导教学在六个方面"下功夫"，即在主干知识的掌握上下功夫、在数学学科本质的理解上下功夫、在数学思想方法的领悟上下功夫、在数学应用探究上下功夫、在创新思维形成上下功夫、在数学素养的养成上下功夫，助力学生德智体美劳全面发展。

★数学点评专家★

北　辰　北京教育考试院
孙秀平　北京市西城区教育研修学院
赵慧娥　北京教育学院石景山分院
李青霞　北京教育科学研究院

四、英语

(一)强化育人功能　凸显素养立意

2022年普通高等学校招生全国统一考试英语北京卷，以"立德树人""服务选才""引导教学"为指导思想，贯彻对核心价值、学科素养、关键能力和必备知识的考查，特别是对辩证思维、创新思维等高阶思维能力的考查。命题充分体现服务"双减"改革的导向，有助于在"双减"背景下，教育教学质量的提升，以及学生语言核心素养的发展。试题联系社会实际，强调情境设计，进一步增强基础性、综合性、应用性、创新性，尤其突出对学生能力的考查。

(二)以立德树人为主线强调育人功能

2022年高考英语北京卷贯彻育人导向，选材围绕人与自然、人与社会、人与自我三大主题，全面考查英语综合运用能力，持续强化对德智体美劳教育的引导，夯实全面成长基础。

试卷中弘扬奋斗精神，倡导人际信任，鼓励积极生活。如阅读理解 B 篇讲述了主人公 Alice 实现自我蜕变的心路历程，故事旨在引导考生在面对困难和挫折时不气馁，做一个自信自强和对社会有用的人。完形填空语篇作者回忆了在幼儿园工作期间的感人一幕，这次难忘的经历不仅让故事中的"我"，也让故事外的读者感受到了人与人之间信任的力量。书面表达第一节讲述了一个 15 岁少年的创业故事，旨在引导考生也要像故事中的主人公一样，做一个勤于思考、勇于创新的青年学子。

2022 年高考英语北京卷聚焦对必备知识、关键能力、学科素养的考查，突出主干知识，重点加强对阅读理解、语言表达及辩证思维等的考查。比如，阅读理解鼓励考生运用已有知识进行归纳概括、逻辑推理等高阶思维活动，从而把握语篇的主题意义、内涵精髓和作者态度意图。如在阅读理解 C 篇和 D 篇的试题设计上，加大了对考生篇章概括、推断等高阶思维能力的考查，鼓励考生挖掘篇章的深层含义，读懂言外之意。此外，试题鼓励考生逻辑清晰而有条理地表达个人想法和见解。如书面表达第一节第 43 题具有审辨性和开放性，考生需从少年的创业经历总结其优秀品质，并与自身相关联，通过思考和筛选，对主人公某一项优秀品质进行评价，展示考生看待问题的不同角度和认知层次。

2022 年高考英语北京卷加强了情境的真实性，以情境为载体，在贴近时代、贴近社会、贴近生活的情境中考查考生运用必备知识理解和表达意义、情感和观点的能力，凸显在情境中认识问题、分析问题和解决问题的考查要求。

在情境中考查考生的理解能力。高考阅读理解所选素材均为语篇真实的英语语言素材，而阅读理解能力是读者与这些文本的互动能力，需要考生运用语言知识和语言技能等对书面语篇传递信息、观点、情感和态度等深入理解。

在情境中考查考生的语用能力。如书面表达第二节创设了接近现实生活的交际语境——邀请国外好友做线上经验交流，凸显对语用的考查，引导考生依据情境得体地使用语言，实现交际目的，并借助恰当的知识选用和意义表达，完成写作任务，真正实现与他人有效的沟通、交流和合作。

2022 年试题在命制过程中精细设计难度结构，以确保试卷难度总体上稳定且适中。另外，精确控制试卷容量，从文字量、思维量和答题量等方面整体把控试卷容量，保证考生作答时间不受影响。

(三)命题启示：强调教考互动　服务"双减"工作

2022 年高考英语北京卷依托课程标准，准确把握课程标准的内容和要求。

主要体现在：引导教学以课程标准为依据，遵循考生的认知发展规律，一方面确保考生素养发展与课标要求一致，教学与考试相互衔接。另一方面，引导教学避免超标学习，避免死记硬背和机械刷题，切实减轻考生学习负担；引导考生更多地运用知识解决实际问题，知行并进。实现必备知识和关键能力的重点考查，真正实现中国高考评价体系所倡导的从"考查知识"到"考查能力"再到"考查素养"的根本转变。

★英语点评专家★

北　辰　北京教育考试院

陈新忠　北京教育科学研究院基教研中心

窦　飒　北京市朝阳区教育科学研究院

付　绘　北京教育学院丰台分院

新高考为"双减"注入新动能

现代教育报社　李继君　赵翩翩　赵艳国

2022 年北京高考在疫情防控形势严峻的背景下如期顺利完成，广大考生和家长也挪走了压在心头的大山。2022 年是新课标、新教材、新高考的"三新"起始年，也是作为新教材与新高考结合的第一年，此次高考也是"双减"政策落地以来的"第一次"高考。此次高考如何响应"双减"政策，又对下一步的"双减"政策进一步落地产生哪些影响……高考结束后，这一话题又成为人们关注的热点话题。

一、教考互动助力"双减"落地

"北京卷命题坚持以立德树人为根本任务，构建了引导学生德智体美劳全面发展的考试内容体系。其中各科高考试题对学科核心主干知识的考查，是对'双减'政策的有效落实，能起到'减负提质增效'的导向作用。"东城区教育科学研究院教研员刘玉群介绍，"本届试题，比较完美地体现了命题者与一线教育工作者关于主干知识的共识。"

统编高中历史新课程共有 5 本教材，结构宏大，纲举目张，内容广博。教师如何在"浩瀚的历史知识海洋"中对教学内容进行有效的取舍，是教学面临的头等大事。

刘玉群举例介绍，例如中国史着重考查中华文明起源的多元一体、经济重心南移、基层伦理教化、中国古代民族关系、明代商品经济发展下的文学艺术现象、明清政府税收的变化、马克思主义中国化和毛泽东思想的创新性、抗战结束后国人对民主和平的追求、中国的全方位外交等，"这些主干知识在此次试卷中得到清晰的呈现。管中窥豹，可见一斑。"

"此次试题也凸显'强调基础落实，注重教学实际'这一特点"。北京师范大学附属实验中学高级教师梁凯分析，试题内容以课标为依据并依托教材，围绕化学核心主干内容，强调对基本概念原理、基本思想方法的考查，引导教师依标施教，不超前超量，不随意增加或删减内容，不随意提高或降低要求标准，

51

充分使用好教材展开教学，引导学生回归课堂。

"'双减'政策的导向非常明确，"梁凯表示，以化学试卷为例，很多试题旨在培养考生多角度思考问题；引导教学不要把精力放在解题技巧上，要注重知识结构的建构，注重学科本质的理解。例如试卷的第15题全面考查原子结构、分子结构、晶体结构的本源性问题。"试题也引导教师优化作业设计，指导学生摆脱'死记硬背''题海战术''机械刷题'等方式，引导教学从关注'解题'向'解决问题'、从'做题'向'做人做事'转变。"

二、凸显双新特色，加大从教材中选取素材比例

"2022年试题顺应学情变化做出适度调整，作为新教材与新高考结合的第一届，试题加大了从教材中选取素材的比例，优化了难度设计的梯度，低起点切入，有利于缓解考生的紧张情绪。"北京教育科学研究院教研员、特级教师张玉峰也表示，试题力图彰显以学生为中心的命题理念。考生面对教师没讲过、平时没见过的新情境、新设问，考场上现场学习、现场提炼，寻找需要的条件，实现对考生学习能力和思维能力的考查。

张玉峰介绍："试卷遵循课程标准内容要求，引领教学提质达标，助力考生学业减负提质，有助于避免超标学习、超前学习、机械刷题。"

"细细品味2022年北京高考试卷，可以说是完全奉行了《普通高中历史课程标准（2017年版2020年修订）》规定的学业水平考试的命题原则。"刘玉群分析，试卷体现了以历史课程标准为依据、以考查历史学科核心素养的具备程度为目的、以新情境下的问题解决为重心的鲜明特点。

2022年试卷更加关注命题考试与教材的关联度，这一点已经成为业界共识。北京教育科学研究院基础教育教学研究中心教研员、高级教师郭井生表示，试题在价值理念上与新教材一致，注重体现新课标精神。例如历史卷第20题"华工与一战"的部分素材直接来源于两册必修课本。呼应了教材中"活动课"的设置理念，注重探究与创新意识的综合考查。

三、京韵京味　厚植家国情怀

每年的高考北京试卷，都因其突出的"北京特色"而备受关注。2022年的北京卷也依然体现了鲜明的"北京特色"，充满浓浓的京韵京味，对于广大考生来说，看到听到那熟悉的声音、熟悉的味道、熟悉的文字，不由自主就激发了

热爱祖国、热爱家乡的情感，厚植家国情怀。

2022 年的思想政治试题聚焦首都发展的大事、喜事、盛事，体现鲜明的北京城市风貌和"双奥之城"的澎湃活力，增进学生对自己生活城市的了解和热爱。笔者统计发现，试卷第 5 题以北京 2022 年冬奥会、冬残奥会的遗产规划管理为主题，让学生理解冬奥遗产如何为奥林匹克运动发展贡献北京智慧。第 6 题以"银锭观山"景观视廊打通的美好画面，体现"把老城区改造提升同保护历史遗迹、保存历史文脉统一起来"的城市规划理念。第 17 题以北京雨燕保护为话题，让学生感受北京在推进生物多样性方面取得的显著成效，体味何为"人与自然和谐共生的现代化"。

第 18 题立足北京"建设增进人民生活福祉的宜居活力之河"这一规划愿景，选取城市滨水空间提升改造的真实事例，让学生参与改造过程中议事协商规则的设计，并思考这一设计背后的制度因素和现实要求，提升学生的社会参与能力。

同样在 2022 年的地理试卷中，综合题第 20 题直接创设了某中学开展主题为"北京奥运遗产"调研的情境，通过呈现北京承办 2008 年奥运会和残奥会、2022 年冬奥会和冬残奥会的相关资料，调动学生自身关于"双奥"的体验和经历，拉近试题与考生的距离，有助于学生从多个方面系统思考北京奥运遗产助力城市可持续发展的地理意义，展现综合思维、人地协调观等核心素养的水平。

"试题中大量出现与北京相关的众多素材，引导学生高度关注学科知识、学科素养在现实生活中的应用价值。"相关专家表示，"让学生亲历活动探究与问题解决过程，将试卷打造为鲜活的实践课堂，引导学生走出书本、走出教室，走进社会、融入生活。"

四、明示教学导向　开启未来教学新征程

如果说第一轮新课程的实施是"摸着石头过河"，那么新高考试题的"样貌"将犹如一粒"定心丸"，对未来进一步落实"双减"、推动教育教学起着明显的稳定心态和导向作用。

"关于未来的教学备考如何实施，对于历史学科来说，我们不妨做五个方面的思考。"刘玉群介绍，一是要深度研究，做到"标本合一"（标：课标；本：教材），以课标为"灵魂"，以教材为载体。二是以唯物史观为指导，做到统揽

历史全貌与阶段特征的有机结合。掌握历史发展的脉络和趋势，理解历史长河中的重大历史事件、历史人物、历史现象、历史规律等。三是放下"旧包袱"，回归"新教材"。转变固有的思维定式，摆脱"旧教材"的羁绊，以积极主动的心态研究"新教材"，让"新教材"不再"新"。四是正确处理必修教材与选修教材的关系。以《中外历史纲要》教材为纲，辅以选修、必修教材，不可割裂。五是把学科素养、史学素养的培养纳入常态化教学，细水长流，潜移默化，有效架构起人才培养者和人才选拔者之间的桥梁。

"2022 年的高考试卷给出了明晰的信号，强调教考互动，引导教学以课程标准为依据，遵循考生的认知发展规律，一方面确保考生素养发展与课标要求一致，教学与考试相互衔接；另一方面，引导教学避免超标学习，避免死记硬背和机械刷题，切实减轻考生学习负担。"北京教育科学研究院基础教育教学研究中心陈新忠介绍，未来教师要引导考生更多地运用知识解决实际问题，知行并进。实现必备知识和关键能力的重点考查，真正实现中国高考评价体系所倡导的从"考查知识"到"考查能力"再到"考查素养"的根本转变。

五、一线观点：深度回扣新教材　明确"双减"导向

赵长河（北京十八中特级教师、正高级教师）：深度回扣新教材的教学评一致性的命题改革，是落实减负提质的必由之路。

北京高考语文题命制思路，是对"双减"政策下"减负提质"教育改革方向的一次明晰呼应，也是教学评一致性的命题思路的体现。只有教学评真正地一致了，才能避免日常所教所学与高考刷题备考"两张皮"的尴尬，也才能避免由此尴尬引起的凭空增加师生应试负担的尴尬。2022 年是新课标、新教材、新高考"三新"起始年。体现新课标的新教材，如何在高考中有明晰的体现，从而实现教学评一致性，真正落实"减负提质"的教育改革，其实是广大师生拭目以待的大事。2022 年北京高考语文命题，确实通过深度回扣新教材从而落实教学评一致性的命题追求，实实在在呼应了"减负提质"的教育改革。

首先是文本阅读单元的深度回扣。2022 年北京卷大作文（1），考查的是对新教材必修上册"学习之道"单元学习任务能否深度学习和思考转化。第 15 题有关《红楼梦》第一回中涉及《石头记》等五个书名的命题素材，是《红楼梦》作为必修下必读书的学习在试卷中的体现。教材中《红楼梦》阅读单元学习任务，重视前五回的纲领作用，试题考查方向旨在引导师生深入关注和落实单元学习任

务。文言文阅读取材的《汉书·贾谊传》考查的礼义教化的治国之道，其实也是必修下第一单元"礼义"主题学习的延伸与运用。

　　其次是活动单元的深度回扣。活动单元包含的日常应用性写作，在此次命题中也有充分体现。大作文第（2）题以"在线"为题，紧扣"网络时代""疫情期间"学生的当下生活，暗扣活动单元必修上、下第四单元等的学习内容。学生的课本习得通过叙事写作的方式加以体现。关联生活情境的微写作3道题，引导学生在真实的情境中学习写作。第1题为学校"悦读会"写启事，第2题为核酸检测"两米线"设置标志，都是课本活动单元习得的情境性考查。

"双减"之下　幼小衔接有了新变化

——课程构建从"短时"变"长程"　家长关注从学习知识到儿童需求

现代教育报社　张广林　赵艳国　常　悦

当下，许多家长正在办理孩子幼升小的相关手续，同时开始做好上小学的准备，一时间幼小衔接成为这段时间的热点话题。笔者发现，自 2021 年 9 月"双减"政策实施以来，其影响已经从小学延伸到幼儿园。在此背景下，幼小衔接的关注点、内容、方式等都有发生了变化，出现了新的着力点。

一、幼小衔接　仍需家园校形成合力

部分家长错误地把衔接关注点放在学习知识上、幼儿园和小学衔接教育出现断层、家园校无法达成共识……在采访中，受访对象基本一致地认为，以上这三个问题是当下幼小衔接中存在的共性问题。

有着多年从事幼儿教育经验的北京市丰台区第一幼儿园教育集团园长、北京市特级校长朱继文介绍：虽然幼儿园和小学都在做衔接，但由于分属不同学段，在学习内容和学习方式上如果不能进行有效衔接，难免会出现各自为战的情况，从而导致孩子入学后在生活和学习上出现不同的困难。

从课程体系角度来看，门头沟区育园小学校长宋茂盛表示，两个学段的课程不一样，也会使得学生出现不适应的情况。幼儿园课程以领域划分，划分为五大领域，包括健康、语言、社会、科学、艺术，涵盖数学、语文、英语、美术、音乐等 14 门课程。学校变成了条状分布，从领域到条状分布，差别是比较大的。

不久前，海淀区红英小学教育集团做了一项针对幼小衔接的问卷调查，结果显示，部分小学老师认为幼小衔接还是幼儿园的事情，小学老师在幼小衔接方面可能会有一定的断层。红英阳光幼儿园园长吴燕利表示，在双向衔接的过程中，幼儿园主动性会更强一些。

除此之外，家长重知识轻能力的现象比较严重，一味地认为幼小衔接就是提前学习知识，或者把关注点更多地放在提前学习上。宋茂盛和老师们通过对一年级学生的观察，对比上过幼小衔接班和没有上过的孩子发现，第一学期有明显差别，第二学期就显现不出来了，反而有些没有上过衔接班的孩子后劲更足。

除此之外，家园校共育的错位也是导致幼小无法科学衔接的一个因素。朱继文介绍说，随着幼小衔接理念的不断深入，家长虽已逐渐认同家园共育的价值，但在幼小衔接内容的认同上却并不一致。比如盲目的运动锻炼、枯燥的书写练习、单一的表达训练等，造成孩子入学后握笔、书写、倾听等习惯培养的困难，失去运动兴趣。这说明"简单衔接"会忽略孩子兴趣培养和习惯养成，使衔接成效受到内在的抑制和损耗，破坏孩子对未来的向往。

二、"双减"后　幼小衔接有了新变化

2021 年 8 月，北京市正式发布"双减"政策，提出了进一步减轻义务教育阶段学生作业负担和校外培训负担的要求。随后，多家无证培训机构被停止办学。同年 10 月，教育部公布，北京市线下学科类无证机构压减率 98%，可谓力度之大。与此同时，据媒体报道，幼儿园大班也出现了"回流"现象，在园人数得到保障。

"双减"之后，学校不再紧紧围绕着作业、学习成绩来评价孩子，而是更能够发现孩子的学习兴趣和尊重孩子的学习速度。学校中社团和体育活动的增加让孩子也更加喜欢学校的学习生活。在此背景下，带来了家长认识上的变化，幼儿园工作的调整，以及教师教育观念的转变。据朱继文介绍，家长对"幼儿园是以游戏为基本活动的"认识越来越深刻，越来越认同。幼儿园工作从儿童立场出发，潜移默化地在幼儿的一日生活、游戏过程、主题活动的构建中，在发现问题和解决问题的过程中发现儿童和引领儿童，充分发挥活动区游戏、主题活动和户外活动的作用和价值，为孩子的兴趣培养和个性展现提供更加广阔的空间。教师能够潜心研究儿童，能够静下心来、安下心来、踏下心来以儿童的发展为中心，观察儿童的需要，了解儿童的想法，尊重儿童的看法，支持儿童的做法，走进儿童的心灵与儿童共同学习。

在北京教育科学研究院基础教育教学研究中心副主任王建平看来，"双减"给幼小衔接教育带来了三个变化。首先是幼小衔接课程构建，从"短时"变"长程"。学校将入学适应教育作为低年级段教育教学工作的重点之一。更多的学校领导与教师认识到，幼小衔接并不是一周、一个月的短暂过程，而是需要

一个学期乃至更久的长期过程。其次，一年级教师创新学科教学，引导学生在活动中经历学习。教师注重以学科融合方式组织设计一年级教育教学实践，以活动作为贯穿课堂的主线，将入学适应阶段教学游戏化、生活化、综合化要求落实到课堂。最后，幼儿园和小学开始强化联合教研，聚焦幼小衔接实践中学生四个适应培养的重点、难点问题，开展以解决衔接关键问题、主题衔接课程设计与实施策略为目标的系列化、深层次、持续性的深度教研。

三、立足儿童视角　科学开展幼小衔接

2021年，教育部印发了《关于大力推进幼儿园与小学科学衔接的指导意见》，强化衔接合力，提出五条主要举措。其实，很多幼儿园和小学也早就开始了幼小衔接教育的探索实践，有效助力幼儿做好入学准备。

育园小学早在2013年就开办了附属幼儿园，幼儿园和小学很早就开始关注幼小衔接问题，并开设了幼小衔接课程。比如幼儿园带孩子们到一年级听课、升旗、做操，观摩教室、图书馆、专用教室等，让孩子们感悟一年级与幼儿园的区别，让老师们感悟学校的办学理念，开展学校文化的渗透。一年级老师利用假期时间进行线上家访活动。围绕学生的习惯养成，也会开展相关活动，坚持"对"在第一次，培养良好的习惯；坚持"对"在第一次，做好第一件事。

在幼小衔接上，红英阳光幼儿园有三个原则。据吴燕利介绍，一个是游戏性原则，"直接感知、亲身体验、实际操作"这12个字是孩子非常重要的学习方式。另外一个是体验性原则，比如教孩子10以内的加减法，幼师会让孩子去体验这个过程，给每个孩子发放一个小任务单，让孩子帮助家里买10元钱的东西。疫情之前，老师们还会带着大班的孩子们去附近的超市，分成小组，通过超市购物体验10元钱的分解和组合。在这个过程中，幼儿既练习了语言交流、观察了超市物品的分区，又体验了数的实际意义。

丰台一幼从教师观念、实施途径、家园共育三个方面协同开展。引导教师立足儿童视角开展教育活动。发挥生活环节的教育力量，通过点滴小事的自然浸润和偶发事件的丰富拓展，让衔接成为一种儿童生活中自然而然的准备、悄悄浸润的准备、循序渐进的准备。同时，幼儿园充分利用日常活动让家长听到正确的理念，看到科学的做法，感受到背后的价值；让家长通过与幼儿园同步实施，共同分析，观察验证，学习如何倾听孩子的声音，欣赏孩子的想法，鼓

励孩子的做法；体会如何做一个理解孩子、懂得孩子、尊重孩子的家长，遵循孩子成长的节奏，与孩子共同成长。"我们认为，幼小衔接是建立在对孩子了解和理解基础上的，是建立在尊重孩子发展需要基础上的，是建立在对孩子年龄特点把握的连续性、适宜性和发展性基础上的，只有这样才能有效实现'科学衔接'。"朱继文说。

四、中小学开办附属园　探索幼小衔接新方式

当下，许多区、校通过优质中小学办附属园的途径，扩大学前教育学位。比如海淀区的北京市十一学校、北京市第十九中学、海淀区中关村第三小学、中国农业科学院附属小学、海淀区红英小学、海淀区七一小学等。门头沟自2015年起就开始探索小学开办附属园，据悉，该区目前有小学21所、9年一贯制学校2所、12年一体化学校2所，其中附属园16所。

"从大方向来看这是一件好事儿。"吴燕利表示，以红英小学教育集团园所为例，集团内部小学的校园文化和幼儿园的园所文化一脉相承。"我们会主动去思考怎样培养孩子，让他们3年后升入小学能够尽快进入小学生角色。在教育实践中，我们知道小学阶段会开展哪些方式的活动，能有的放矢地提前对孩子进行兴趣、习惯和能力的准备。"

但有一个现象需要注意，吴燕利提醒，有很多中小学增办幼儿园或附设幼儿班，学前学段管理是由小学的干部或教学干部来做，这样做会有一些缺失。因为学前教育阶段孩子的年龄特点和学习方式与中小学完全不同，学前教育是非常专业的，如果由缺乏系统性学前专业知识的老师来管理，在教育上也会出现断层。因此，吴燕利认为，在中小学附设幼儿班，最好由小学和学前学段的教学干部共同管理，这样也会在教育、管理中避免一些小学化的思维方式。

五、马上就访：幼小衔接　一线教师这样做

笔者：不久前，《义务教育课程方案和课程标准（2022年版）》发布，对小学如何帮助儿童从幼儿园到小学平稳过渡提出了专门要求，明确将帮助低年级入学适应作为一、二年级的教育教学工作。也就意味着从今年秋季学期开始正式执行双向幼小衔接教育。那么，一线教师如何落实这些理念和标准？

王建平（北京教科院基础教育教学研究中心副主任）：教师要树立衔接意识，深入研究幼小衔接期儿童的身心发展特点，充分理解和尊重新生在原有经

验、发展速度和发展水平上的差异。教师也要客观认识衔接，从幼儿园到小学，从幼儿转变到小学生，不是翻山越岭，而是生活的一种自然延伸和过渡，教师要在学生的转变中给予支持、做好引导。

教师教学价值取向要由学习取向真正转向成长取向，改变过度重视学科知识、技能准备的状况，把衔接重点指向学习习惯、社会适应性能力以及思维发展。

教师要与家长建立伙伴关系，与家长进行专业沟通，实质性帮助家长科学认识学生成长发展规律，用科学的认知来缓解"一年级焦虑"；努力向家长提供相关资源和具体、实际的帮助，以"透明度"满足家长的好奇心，消除家长的质疑和不安全感。

同时，还要推动落实幼小学段教师的贯通教研，聚焦幼小衔接实践中学生"四个适应"培养的重点、难点问题，开展以解决衔接关键问题、主题衔接课程设计与实施策略为目标的系列化、深层次、持续性的深度教研。

"双减"后首次中考凸显四个"考出来"

现代教育报社　赵翩翩　常　悦

2022年北京市初中学业水平考试已于6月24日至26日顺利完成,全市报名考生共计100974人。北京市从去年开始实行新中考,将初中毕业考试和高中招生考试两考合一。作为"双减"后的首次中考,2022年北京中考在落实"双减"上有什么具体的体现?面对义务教育新课标的出台,未来教师在教学方式上应做好哪些调整?

一、载人航天、北京冬奥纷纷入题

科普国之重器、关注北京冬奥、引入载人航天技术最新进展,"双减"后首次落地的中考各科目试卷紧扣时代主题,展现了国家伟大成就和首都发展新气象。在科技味儿和中国味儿背后,北京中考凸显了四个"考出来"。

"试题坚持'注重全面考查,注重对基础的考查,注重对发展潜能的考查;把社会主义核心价值观和中华优秀传统文化考出来,把学生的自信考出来,把课堂表现考出来,把实践能力和阅读能力考出来'的命题理念。"北京教育考试院相关人员在评价此次中考试卷时这样表示。

据悉,北京市从2008年开始中考全市统一命题、各区分别阅卷,2015年开始启动中考命题改革的探索,在"三个注重"(注重全面考查、注重对基础知识的考查、注重对发展潜能的考查)和"四个考出来"命题理念的指引下,不断优化试卷结构和试题设计,发挥出中考试题对学校日常评价和教学改进的导向作用。

"以语文学科为例,加强了对教材重点试题的研究,增加了与教材关联试题的比例和分值,引导教学回归教材,切实落实'双减'以学定考的要求。"北京市海淀区教师进修学校语文教研员徐国珍表示。

坚持正确导向,落实立德树人。北京中考试题始终把坚持正确的政治方向和价值取向放在第一位,着力体现学科的社会价值,增强试题的育人功能和积极导向作用,弘扬爱国主义情怀,弘扬中华优秀传统文化,增强国家自信和民族自豪感，落实学科育人价值。

以物理学科为例，重视发挥考试的育人功能，在试题中融入社会主义核心价值观和中华优秀传统文化的内容，例如第6题"神舟十三号载人飞船"，第24题科普阅读题"国之重器——综合极端条件实验装置"，将我国在载人航天、科技创新、载人深潜等方面取得的骄人成果融入到试题中，引导教学关注时代发展和科技前沿，增强学生的民族自豪感和使命感，同时也渗透了社会主义核心价值观的教育。

课程改革提倡了解家乡的巨大变化，增强爱祖国、爱家乡的情感。历史试卷第8题选取北京西黄寺内的清净化城塔，将试题与北京悠久历史、文物古迹有机结合，拉近了历史与学生生活的距离，感悟北京在统一多民族国家发展中的独特作用。

北京市委教育工委副书记、新闻发言人李奕此前在接受媒体采访时表示，中考的改革和"双减"的一系列的改革推进之后，我们特别关注初高中的衔接，新情境新素材的这种引入，让孩子能够在运用知识的过程当中提高能力。从中考整体的改革方向来讲，我们更加关注根据不同学科的特点，用更加适切的考试方式和成绩呈现方式，给予学生初中学业的一个良好的认定。

二、落实"双减"要求　秉持"学""考"一致

中考前，教育部办公厅发布《关于做好2022年中考命题工作的通知》，进一步提出中考命题要减少记忆性试题，增加探究性、开放性、综合性试题，坚决防止偏题、怪题，促进有效考查学生综合素质。北京中考试卷体现了教育部的命题方向，并落实"双减"要求，在遵循学科学习规律的基础上减少机械记忆，增加实践运用。

许多细心的老师会发现，2022年语文学科全卷阅读文字量和考生作答的文字量均较往年有所减少。减少了与作答无关的文字表述，文本表达平易规范，作答要求明白清晰，情境设置贴合学习实际，能让考生减少不必要的心理压力，考出自己的真实水平。

以历史学科为例，试题没有考查学生的机械记忆，而是注重与学生所学知识相结合，用丰富的材料引导学生进行历史探究。例如，第21题提供了有关古代和近现代冰雪运动的文字、统计数据等材料，考查学生获取有效信息，概括、分析、综合等解决历史问题的方法，这些都是学生日常课堂所习得的。

在"双减"的大背景下，教科书成为学生系统学习知识最重要的依据。2022 年中考试题与教材的联系非常紧密。试题引用教材中的部分素材，减少学生对试题情境的陌生感，减轻学生的课业负担。道德与法治第 2 题守护生命、第 10 题诉讼方式、第 3 题认识自己、第 4 题"非淡泊无以明志，非宁静无以致远"等素材均取自教材，这些试题的设计增加了学生的亲切感、熟悉感。

语文作文试题使用史铁生的文章《那个星期天》作为导语，《那个星期天》是统编版小学六年级下册的选文。史铁生在文中表达的真切情感能迅速唤醒考生共有的生命体验，激发起考生的写作热情，沟通阅读积累与考场作文，体现出义务教育阶段学习内容的延续性，能够考出学生九年的积累。试题紧密联系教材，发挥教材育人功能，引导教学用好教材资源；既考查教材基础知识，又关注课堂表现和学生的实际获得，实现"教—学—评"一致。

三、聚焦学科关键能力　凸显素养发展的教学导向

"北京中考近年来坚持素养立意，凸显实践应用。试卷突出核心素养立意，注重创设真实情境，将核心知识、学科思想融于真实问题解决中，突出对考生应用核心知识、思想方法和关键能力分析解决实际问题的考查"，海淀区教师进修学校副校长、北京市化学特级教师支瑶认为，中考逐步实现从考查"解题"能力向考查"做事"能力的转变，体现实践应用。

2022 年，物理加强科学探究、科学思维和问题解决能力的考查，旨在引导教学克服教学方式单一、教学内容封闭、机械训练等不良习惯，引导教师积极探索基于情境创设、问题导向、深度思维、高度参与的教育教学方式，引导学生自主、合作、探究学习。这样不仅能够让学生学得轻松愉快，减轻学生过重的学习负担，落实"双减"政策要求，还有利于学生在实际情境中理解抽象的概念、规律，为学生的思维发展奠定良好的基础。

化学试题关注学科素养，突出探究性、综合性和选择性。例如，第 37 题创设利用絮凝剂净水的情境，以"探究影响水净化效果的因素"为任务，呈现科学探究一般过程，考查科学探究能力，通过分析解释、实验设计、复杂推理等不同能力水平层次的设问，考查思维的有序性和缜密性。试题的探究性体现在创设科学研究的情境，运用科学方法对问题进行探索和研究，体现问题解决过程。

试题体现德智体美劳五育并举、全面发展的育人理念，如物理学科第

17题"北京冬奥会滑雪大跳台比赛"、第26题"俯卧撑健身项目"等与节约用电、冬奥比赛、生产劳动、体育锻炼情境相联系的试题设计，增强与学生生活、社会实际的联系，引导学生逐渐形成健康生活、热爱劳动、崇尚科学的价值取向，促进学生德智体美劳全面发展。

四、中考"指挥棒"给教学带来新启示

中考试题对初中教学具有指挥棒效应，对初中各科教学提高教学质量起到了积极的引导、促进作用，具有以评促教、以评促学和以评育人的功能。作为教师，如何顺应中考改革导向，推动课堂教学改革？

"落实'双减'政策的核心在提高教学质量。"北京教育科学研究院基础教育教学研究中心语文研究室主任、北京市特级教师王彤彦认为，此次中考命题给老师的日常教学提供了以下借鉴意义。

首先，进一步明确语文课程学习的目标，以促进学生核心素养发展为目的。教师在使用统编教材实施教学时，既要关注学生的语言运用，也要关注他们语言经验发展过程中的思维能力、审美创造、文化自信的培养。

其次，深入研读统编教材，充分发挥教材的育人功能，为学生的发展打下基础。教师要综合考虑教材自然单元与语文学习任务群的内在联系，把握学习难度，组织学习活动。

再次，优化教与学活动，让学生在积极的语文实践活动中提升核心素养。教师可依据课程标准学业质量要求，参照统编教材相应内容以及学情，围绕一定的学习主题设置语文学习单元。

最后，发挥过程性评价对教学的促进作用。教师要树立"教学评一体化"的意识，在设计学习任务的同时，做好评价任务的设计。教师要充分利用评价的过程和结果，激励学生，促进他们开展学习反思，使其在学习中学会学习。

北京教育学院附属丰台实验学校物理教师、北京市特级教师、正高级教师鲍建中建议，中学物理教学应注意以下问题：教学中注重融入社会主义先进文化、中华优秀传统文化，以及革命文化，落实立德树人的根本任务。从我国古今科技成就中挖掘教育素材，激发学生的爱国热情，增强物理教育的思想性。关注课堂教学，加强基础知识的学习，在现象解释知识应用的宽度与厚度上下功夫，通过知识的应用，加深学生对基础知识的理解，落实"双减"背景下提质增效的教育目标。加强实验教学，使学生经历科学探究过程，自主建构物理概

念和规律。坚持从生活走进物理，从物理走向社会的课程教育理念。教学注重从贴近学生生活的自然现象、生活现象入手，倡导在真实情境中，引领学生观察、发现、提出问题，经历科学探究过程发现科学规律，并自觉运用科学规律解释生活现象，创新设计解决实际问题，综合提升学生的科学素养，体现物理学习的价值和意义。

"此次中考给我们的启示之一：要在实践活动中帮助学生建构完整的物理观念体系；防止以练代学，以考代学，通过刷题提升学生成绩的错误倾向；做到教和学与学业评价要求一致。"鲍建中建议。

"开卷"面场圃 执笔探青山

——门头沟区试点教育评价新方式

现代教育报社 常 悦

向世界讲述门头沟的红色故事、我给家乡特产"带货"、我的提案上政协、探寻琉璃之乡、混居状态下的珍珠鸡探秘……12 月 26 日，北京市门头沟区义务教育阶段四年级、七年级和部分学校高一、高二年级的同学收到了这样一份"试题菜单"。与以往的期末考试不同，同学们可以自主"点菜"选择一道试题，走进绿水青山间开展跨学科实践探究，用一周时间完成开卷答题。

门头沟区委教育工委副书记、主持区教委工作的副主任曹彦彦介绍，此次考试立足"绿水青山新居民"的育人目标，依托本区丰富的自然人文资源，鼓励学生查阅资料、动手实践、设计实验、收集数据、寻求合作。选好试题后，学生可以与父母、同学一起走进绿水青山亲身实践，也可以居家自行查阅文献资料，还可以向家长、老师、专业研究者请教。考试成绩将按照 A、B、C、D 四个等级进行呈现。

"此次期末开卷考试的新尝试旨在以考试评价为支点，引导教师积极探索基于真实情境、问题导向、深度思维、高度参与的教育教学新方式，引导学生将他们在学校获得的知识技能、研究方法、科学态度应用到生活实际中去解决现实问题，进而打破学校教育与生产劳动、社会实践之间的'高墙'，促进自我教育、家庭教育、学校教育和社会教育的深度融合。"曹彦彦说。

为了定制出一份扎根区域教育资源、紧贴学生学习生活实际的"试题菜单"，门头沟区教委和教育研修学院召集 60 余名研修员和骨干教师组成命题小组，按照统一命题方向和思路，整合多学科知识，精心编制区校两级 100 余道探究型试题。试题涉及科学、人文、艺术、心理健康等领域，遵循"小切口、大纵深"的研究思路，突出跨学科主题实践活动，为学生研究提供可视化工具，引导学生开展小课题研究，巩固和检验学习成效。

"这次考试让我觉得很新鲜，课本上学到的知识能够用到实际生活中了。"京师实验中学学生姜玥兴奋地说。大峪第二小学的学生家长袁女士说："开卷考试为孩子提供了一次走进生活、融入社会，与大自然亲密接触的机会，孩子自主学习的意识和能力更强了!"

门头沟区人大常委会党组成员、副主任，区委教育工委书记韩兴无认为，教育评价方式的创新探索是门头沟区落实党的二十大精神的具体举措，在教育实践中尝试回答了"培养什么人、怎样培养人、为谁培养人"的教育根本问题。接下来，门头沟区将以乡村教育振兴为使命，多措并举推动教育优质均衡发展，促进教育公平。

探索校外培训机构治理的"海淀模式"

北京市海淀区教育科学研究院　林子尧　金建花　方建红

自"双减"政策实施以来，海淀区立足区情，本着从严从紧、高标准治理原则，坚持"治乱、减负、防风险"的工作思路，强化源头治理和综合施策，校外培训综合治理工作取得了阶段性成效。

一、建立多部门联动机制

海淀区成立党政主要负责人任双组长的区级"双减"工作专班，将"双减"工作列入重大民生工程。区"双减"工作专班统一调度指挥，区教委牵头、街道吹哨、部门报到，部门联动、协商共治。与此同时，通过各类媒体积极宣传规范校外培训机构的相关政策法规，明晰规范校外培训的红线和底线，提高校外培训机构的自律意识。引导家长正确认识"双减"工作的重要意义，树立正确的育儿观念、成才观念，理性为孩子选择课外培训，让不合规的培训机构没有生存的土壤。

充分发挥社会公众、新闻媒体、消费者协会、行业协会的外部监督作用，实现共治共管。向社会公布举报电话和信箱等，畅通社会反映情况渠道，及时排查、有效解决投诉信息。

二、创新校外培训监管方式

推行"网格化＋信用化＋智慧化"监管方式，以"学区专干＋协同监管"推进网格化监管，建立校外培训机构日常监管机制。学区统领，属地街镇的协同监管，实现日常监管、线索核查、问题上报等"清单化、全流程、闭环式"管理。建立"星级评估""黑白名单""双随机一公开"等制度，探索信用风险分级分类管理，强化培训机构事前信用承诺制度，增强事中、事后依法监管，推动信用监管与日常监管、重点监管深度融合。

在日常监管层面，海淀区教委校外培训工作科、区教育环境综合治理中心、区教育科学研究院社会教育研究所、区民办教育协会，共同推动校外培训机构治理工作。全面实施校外培训机构预付费资金监管，及时公示完成开班收费备案审核的学科类校外培训机构、校区及其收费账号，便于家长缴费时核对相关信息。

利用信息化技术和大数据分析技术，实时跟踪机构运营情况，制定好防范预案。为推动机构平稳转折过渡，建立政企沟通机制，有效发挥政策解读、稳企帮扶作用，通过举办教培行业人才专场招聘会，做好转岗就业服务。采取"一校一案"方式，帮助培训机构依法依规享受减免租金优惠、解决退租后的押金和违约金问题。

三、加强培训材料审核管理

为加强学科类培训机构的培训材料规范管理，海淀区组建评审专家团队，针对区属备案的培训机构全学科、全学段所有培训材料进行审查。每年在秋季、春季开学前评审，审核范围包括教材、教学资料、讲义等。其中包括公开出版的教材、自编印刷教材及装订成册的学习材料等。由海淀区民办教育协会牵头，头部机构免费提供学科类、素质类课程和学习用品、书籍，搭建了"公益超市"，多方共建跨界公益互助机制，共同维护培训行业良好秩序和社会形象，促进培训行业良性发展。"公益超市"在化解退费矛盾方面取得了很好的效果，极大化解了退费纠纷，切实缓解了家长的焦虑。

校外培训治理是一项系统、长期的工程，涉及社会的各个方面，需要家校社携手共治、齐抓共管。海淀区结合实际，校内校外双向发力，大力提升教育教学质量，从源头上缓解家长的教育焦虑，切实减轻家长和学生的负担，持续改善区域教育生态，初步建构起校外培训机构治理的"海淀模式"。

第三部分　优化作业设计

北京多区制定学科作业指导文件

现代教育报社　赵艳国

日前，笔者从北京市丰台区召开的小学核心素养培养研究基地校联盟会议上获悉，丰台区将在 2022 年 5 月出台《丰台区小学作业设计与实施指导手册》，具体制定工作由北京教育学院丰台分院小学教研室牵头负责。截至目前，北京市已有西城、海淀两区明确出台了区级义务教育阶段学科作业设计与实施指导意见，朝阳和房山两区则分别依托网络系统建设和培训项目推动，来加强区域内中小学校作业设计指导。

2021 年 12 月 20 日，北京教育科学研究院召开第二次北京市作业优化成果展示交流研讨会，北京教科院基教研中心面向全市发布了文科类、理科类、语言类《中小学作业指导手册》以及《中小学综合类学习活动指导手册》。这是自"双减"实施以来，北京市继《义务教育阶段教师优化作业的十条建议》之后，又出台的一项市级层面的学科作业设计指导性文件，旨在有效引导学校、教师实现作业的减量增质。

就在北京市发布市级作业设计指导文件之前，海淀区已于 2021 年 6 月对外发布了《海淀区义务教育阶段学科作业设计与实施指导意见》，成为北京市实施"双减"以来首个制定区域性作业设计指导的区域。这份作业设计指导文件明确，各小学要控制作业总量，一、二年级不得布置家庭作业，三至六年级作业量不超过 60 分钟，作业内容以教材为主；坚持零起点教学，不提前学、不超纲学；作业要由教师全批全改，坚决不给家长留作业。

2022 年 2 月 15 日，在教育部举行的基础教育重点工作任务相关工作新闻发布会上，西城区教委主任王攀介绍了西城区学校作业设计情况。他表示，西城区聚焦课程、课堂、教材、作业、评价等教学基本要素，已经形成了包括《西城区义务教育阶段学科作业设计与实施指导意见》在内的一整套规章制度，为学校推进"双减"工作提供标准化参考。在此基础上，指导学校结合校情，一校一案，打通"双减"落地"最后一公里"。

2021年底，房山区教委、区教师进修学校与相关机构联合启动了"房山区义务教育标准化作业设计与实施培训项目"，并对作业项目管理者团队进行首次集中培训。据悉，房山区将依托作业项目，以作业研究小切口推动教育教学大改革，切实提升作业设计水平，不断提升教师专业能力，推动区域教育教学质量发展。

刚刚过去的寒假，朝阳区陈经纶中学分校望京实验学校、陈经纶中学民族分校、日坛中学实验学校的学生尝鲜了个性化智能作业。开学后，个性化智能作业系统开始进入日常教学。从2021年起，朝阳区教委实施"科技赋能促'双减'"行动，与相关企业合作打造集"定制作业、交作业、判对错、看解析、听讲解"于一体的平台，帮助老师、学生、家长减负提效。

落实"双减" 给课上课后加点料

朝阳区实验小学 陈立华

2022 年，落实"双减"将继续作为学校工作的重中之重。从 2021 年开始，各学校围绕提高作业设计水平、提高课后服务水平、提高课堂教学水平、提高均衡发展水平四个方面进行探索，落实"双减"文件精神。朝阳区实验小学充分发挥学校育人主阵地作用，在语文、数学、体育等学科持续发力，在课后服务中"加料"，从而全面提升教育教学质量。

一、每周增加数学游戏课

十多年来，学校一直将减负的落脚点定位在课堂教学上，通过学校整体课程改革让学生减负增效学习。为了帮助学生建立知识间的联系，培养数学思维，我带领数学骨干教师对数学知识结构中的重要知识节点进行了再加工，最终提取出 58 节关键课。58 节关键课的梳理，节约了课时，余下的课时，数学学科进行数学游戏课程安排。

新学年，学校推出了涵盖传统游戏、益智游戏的数学游戏课。数学游戏课每周一个课时，课程内容遵循学生的年龄特点，例如低年级锻炼学生小肌肉群的发展，包括七巧板、框架拼插游戏、九宫格、堆栈高手等；中高年级锻炼手脑眼口的配合，以及左右脑的平衡发展，包括九连环、拼图达人、鲁班锁、华容道、神龙摆尾等。学生能通过"做数学、说数学、玩数学"，培养数感、量感、空间想象、空间创造、找寻规律、数学建模的能力，从而让学生在游戏中爱上数学学科。

同时，学校在数学学习中还将推出自主菜单，开设"奇奥数学——朝实微课堂"系列网络微课，学生可根据自己的兴趣和需要进行自主选择。

二、人手一本《阅读指导手册》

学校推出了分级阅读书单，每个年级都包括 3 本必读书目、5 本选读书目以及至少 2 本个性化书目。学生收到了一份特别的《阅读指导手册》。

为了提高学生课外阅读量，学校语文组从"大语文"的角度出发，提出了数字化、可视化、成果化的学生阅读工程。

学校按照年级编写了《阅读指导手册》，每个年级的"护照"包括阅读书单、星级评价标准、阅读记录、阅读积累四大部分。必读书目以语文学科的延伸阅读为主，选读书目则包括数学、英语、科学等多学科阅读。学校还构建了科学的阅读评价体系，学生可以通过摘抄、写读后感、小报、思维导图、背诵、好书推荐等方式展示阅读效果。

此外，学校还在班级、年级、校级、集团等层面，开展阅读展示活动。继续为爱写作、善写作的学生提供舞台，通过"幸福出版社""小作家协会"，让学生在阅读之后体验写作的乐趣。

三、持续给男子汉加"钢"

"打开 App，上传运动的照片或视频，就可以获得相应的积分……"2021 年，朝阳区实验小学"运动健康助手"正式投入使用。鼓励全校学生积极参与运动。

"运动健康助手"是学校自主研发的系统，包括身体素质、专项技能、参与比赛、体育知识。四个板块记录了学生日常的体育活动，从而督促学生坚持每天锻炼。学生每天运动打卡后都能获得相应的积分，凭借积分可以参与班级排名、年级排名。此外，本学期"运动健康助手"还围绕北京冬奥会设计了相关知识内容。

2013 年，学校就开设了男生课程、特设男生专场、开办男孩俱乐部、树立男孩偶像……开启了塑造"朝实男孩儿"的教育探索与实践。9 年来，学校的给男子汉加"钢"课程深受男孩子们的喜爱。2021 年，学校在原有小胖墩、攀爬课程的基础上，围绕学生综合能力发展，开展"登山课程""跑酷课程""小裁判课程"三门课程。通过这些个性课程的实施，提升学生综合运动能力，提高身体素质，养成运动的习惯，促进身心全面发展，形成全方位的校园体育氛围。

四、学生可自主选择课后活动

按照北京市及朝阳区相关要求，小学在 15：30 课程结束之后，将提供"5＋2"服务，即一周五天、一天 2 小时的课后服务，内容包括体育锻炼、课业辅导、心理教育、社团活动等。

学校在原有课后服务基础上，统筹课内、课外两个时段，做好作业辅导和课后活动。在作业辅导方面，学校继续加强学生作业研究，减少作业量，切实减轻学生的负担；加强教师课后答疑、辅导，采取集中和个性化辅导答疑相结合的形式，满足学生学习及成长需求。在课后活动方面，学校开设艺术、体育、科技等多个方面的学生课后活动，例如舞蹈、茶艺、国画、版画、足球、STEAM 等，学生可以根据自己的兴趣进行选择，实现五育并举。课后活动实现学生全覆盖。对此，学校全体教师将根据个人特长申报课后服务项目，参与到学生课后活动中。

"双减"让教育的主阵地重新回归学校，将学生从过重的作业负担和校外培训负担中解放出来。落实"双减"，学校要为学生提供更加优质的教育资源，通过课程、阅读、体育、课后服务等系列改革，实现减负增效，培养德智体美劳全方面发展的新时代人才。

四个策略优化作业研究

北京教育科学研究院 金 利

作业是"双减"研究与实践的突破口之一，教育教学理论研究者、教育教学管理者、教学实践者都对作业开展了多角度研究。为充分发挥作业帮助学生巩固知识、形成能力、培养习惯，帮助教师检测教学效果、精准分析学情、改进教学方法，帮助学校完善教学管理、开展科学评价、提高教育质量的功能，在学科作业优化中要明确思路，讲究策略，实现减负提质增效。

其一，作业类型，丰富多样。各学科按照作业的功能价值、完成方式、作业时长等不同的分类标准会有不同类型的作业，在优化作业时要充分体现作业类型的丰富性，可通过巩固类、诊断类、建构类、体验类、操作类、探究类、参观类、阅读类等多种类型的作业，为学生提供多样化学习方式，促进学生动口、动手、动脑。帮助学生对所学内容进行回顾和组织，根据自己对学习内容的理解在新情境运用与问题解决中，不断地检验和完善自己构建的知识体系。

其二，作业布置，注重指导。在"双减"背景下，各校学科教研组都非常关注对作业内容和形式的研究，但在教学实践中，由于老师们对作业在学生层面完成时需要的时间、精力和智慧的付出没有充分的预估，对完成作业中的困难没有提前的预判，导致"布置作业环节"指导的缺位，精心设计的作业难以达成有效的结果。因此，作业优化不仅在内容和形式的设计上，也需要在作业布置环节方面，对作业设计的目的、完成方式、可能遇到的困难及解决的思路等做出适度的指导，帮助学生明确作业的内容、形式、时长、探究途径等基本要素，提供必要的完成作业的学习支架。

其三，作业评价，体现成长。在推进作业的研究中，老师们不仅关注作业批改，也关注作业的展示交流（作业评价）：一方面要通过作业批改，结合学习内容，及时帮助学生了解自己的学习现状，帮助教师分析教学的效果；另一方面也要通过作业批改和优秀典型作业的展示，让学生明确作业完成效果的不同层次，知道自己努力的方向，总结自己学习中的思考方法、经验与不足，明确改进方向。总之，通过作业的批改与展示，促进学生对所学内容的思考，提高其对学习内容的理解和运用能力；在面批中，提高学生与老师的交流与沟通能力，促进学生对自己学习态度与方法的思考，进而实现自我成长。

其四，作业反思，助力教学。作业是教师布置给学生的学习任务，也是教师检测教学效果和改进教学的教学任务。因此，作业优化不仅关注作业内容与方式的设计、作业的布置指导和作业的批改与展示等环节，也应通过作业反思，关注教学的优势与不足，从学情把握、方法运用、资源适切等多个角度全面对教学实施过程做思考，有助于教学改进。因此，作业优化可将作业与课前的学情调研相结合、与课中资源运用相结合，让作业成为助力教学质量提升的举措。

综上，优化作业研究，各学科都要明确共同的政策方向，都可以遵循共性的作业优化思路和策略，同时发挥学科特色，以作业为突破口实现减负增效的目的。

北京发布《优秀作业设计暨作业案例集锦》

现代教育报社　常　悦

2022 年 4 月 18 日，北京教育科学研究院在门头沟区教育研修学院举行"优化作业、减负提质"系列专题研究的第三场成果展示交流研讨会。继《优化作业十条建议》《作业指导手册后》，《北京市义务教育阶段优秀作业设计暨作业案例集锦》正式发布，进一步为教师优化作业设计提供直观、可借鉴的丰富资源。

"在推进作业优化设计的相关工作中，我们通过调研发现，一线教师对优质作业资源示范引领存在现实需求。"北京教科院基础教育教学研究中心主任贾美华介绍，该中心于 2021 年末在全市组织开展了"北京市义务教育阶段优秀作业案例及作业设计征集与展示"活动，采用市区教研联动的方式，经过培训、研究、实践等环节，遴选出全市义务教育阶段优秀作业设计暨作业案例，供教师学习、参考。

据介绍，此次发布的案例集锦分为 12 分册，涵盖了小学语文、数学、英语，以及初中语文、数学、英语、道德与法治、物理、化学、生物、历史、地理，总计 12 个学科的优秀作业设计与作业案例成果。值得注意的是，案例集锦覆盖了 12 个学科不同版本教材的全部章节内容，以真正实现优质作业资源的充分共建、共享。每个章节不仅包括作业设计说明、课时作业设计和重点作业评价设计，还收录了教师对作业设计特色的思考。

"我们希望引导教师研究和反思作业功能，促进他们将作业纳入教学设计的重要环节，减少盲目性、单一性。引导教师从注重单一课时向更注重单元（主题）统筹转变，从注重知识立意、方法再现向更注重学习思考、领悟创新转变，从注重整体划一到更注重分层分类转变。通过作业设计研究，提高作业在教学质量提升和学生健康成长中的作用。"贾美华说。

集中研讨中，门头沟区大峪中学分校校长魏芳以"共研'作业设计'，答好'双减'考卷"为题，分享了学校立足校本培训更新作业理念、立足三类教研共研作业设计、立足课堂教学提升作业质量的实践与思考。门头沟区教育研修学院副院长宋淑英讲述了如何通过教研立基实现区域引领，如何围绕"作业"的布置、实施、批改、讲评等一系列环节，开展深入、持续的研究、实践和反思。门头沟区教委副主任李东梅就区域如何强化作业管理、落实减负增效进行了深入的交流分享。当天，研讨会还并行开设了12个学科分会场进行研究课展示交流。

北京教科院副院长张熙表示，"双减"工作开展以来，市区教研部门、学校和教师主动作为，扎实推进作业优化。下一步，应注重差异、因校因生制宜，强化市、区、校三级联动，持续推动作业优化的创新性研究。

三个小妙招做好英语作业设计

北京市东城区回民实验小学 韩雅楠

作业是课堂的延伸，是学习的知识、技能及时巩固的重要途径，也是提升学生解决问题能力、创新实践能力和思维能力的重要途径。设计有趣、有用、有价值的作业，是教师追求的目标，也是落实"双减"的要领之一。

一、星级游戏卡 基础作业趣味化

基础类作业主要为单词、短语及重点句型的记忆，以往教师常常让学生抄写单词帮助记忆。重复性的抄写不仅效率低，久而久之也会让学生失去英语学习兴趣。因此，我将此类作业穿插于游戏中，提高学生作业的积极性，帮助学生更好地记忆、理解应知应会的词汇。

例如：在学习完一个单元内容后，我会制作三种难度系数不同的游戏卡，让学生根据自己知识的掌握情况自主选择。基础卡（难度系数一颗星），重点单词配图，适合基础比较薄弱的孩子，帮助他们将抽象的词汇与图画联系起来，更好地理解词汇意思；挑战卡（难度系数两颗星），让学生根据记忆填入方框内缺失的字母，需要学生将重点单词背下来，对学生提出了更高的要求；无敌卡（难度系数三颗星），更具挑战性，需要学生将所学单词按自己的理解分类，并补充更多此类词汇，不仅复习了本单元内容，还需要学生链接旧知识，构建词汇体系。

游戏卡的分层设计要考虑学生原有的基础，建立不同层次的作业结构，以适应不同层次学生的需要。

二、访谈面对面 实践作业体验化

应用实践类作业包括转述、采访、调查、报告等形式。英语实践类作业可以把学生从课堂引向社会、家庭和生活。教师会根据不同单元的话题，引导学生设计调研采访单，体验真实的交际。

例如，《北京版英语》6B"Let's live a low-carbin life"这一单元主要宣传低

碳环保理念，倡导大家低碳生活。本节课的实践作业可设计为采访学校不同年级同学和自己的亲朋好友，了解他们有哪些低碳、环保的生活方式。学生通过访谈，在彼此合作、交流中完成作业，在真实语境中锻炼听说能力。最后，再结合调查结果完成一篇低碳生活金点子分享的报道，将调查结果落实到笔头，提高书面表达能力。

三、班级直播间　静态文本形象化

创设班级直播间就是引导学生将课文读背变成课本剧表演，用生动形象的方式助力知识内化。

例如，在语文课学习《愚公移山》的故事后，教师为学生设置开放性结尾，请学生以小组合作方式在合理范围内自主创编剧本、续写结尾。学生根据剧情需要自制道具，彩排表演。最后，教师在班级中为学生搭设表演平台，录制班级小电影，经同学投票选出最佳编剧奖、最佳表演奖、最佳导演奖。

通过作业的优化设计和实践，使学生获得了积极愉悦的情感体验，有利于他们在英语学习的基础阶段建立起浓厚的英语学习兴趣，激发学习主动性和积极性，培养自主学习的能力，提高综合语言能力，促进长远发展。

科学有效地布置暑期作业

北京市西城区教育研修学院　孟凡霞

　　进入 2022 年 7 月再过十余天，中小学生们将迎来暑假，这是"双减"后的首个暑假。教师们如何为学生设计暑假作业，实现既能帮助学生快乐过暑假，又不会落下学习的目标，成为教师、家长关心的话题。

　　一份好的作业，需要综合思考各个相关要素，包括作业目标、完成作业的时间、作业的难度、作业的必要性及可行性等要素。结合暑期学生的学习时间和学习特点，教师除了布置一些常规的练习题等类型的作业外，还可以布置综合性、实践性强，能促进学生发展自主学习能力和创新实践能力的作业。

　　以历史学科的暑期作业为例，教师可以布置以下作业，让学生选择一位出生在 20 世纪三四十年代至六七十年代的长辈，完成听长辈讲述家庭发展史、个人成长中的关键事件或者是改革开放前后社会的变迁等口述史的采访作业。结合八年级下册学习的改革开放史的内容，探讨个人成长与社会进步、国家发展的关系等。完成这个作业既需要学生规划选择采访的具体对象，根据作业内容，拟定采访提纲，又需要和他人沟通交流，整理采访内容等，对于激发学生的学习兴趣，增强历史与学生现实生活的联系，提升学生的综合能力具有良好的作用。也可以布置让学生进行中华人民共和国成立以来衣食住行等各个侧面变迁的社会调查的作业，以小见大，体悟中华人民共和国成立以来中国社会巨大的发展变化和人们生活水平的提高。

　　布置综合实践类作业，向学生推荐一些博物馆、纪念馆、名人故居等。要求学生选择 1—2 个进行参观，完成绘制参观路线图、介绍参观中印象深刻的展品或者撰写一份推荐他人参观的海报等作业。这份作业的完成需要运用多学科的知识和技能，也特别契合 2022 年新颁布的义务教育阶段的课程标准中新增的"跨学科主题学习"板块的立意。

　　暑期还可以给学生推荐一些纪录片或者制作水平比较高的影视作品。如央视纪录片《中国通史》《世界历史》，通过解说、图片、文字、专家解读等方式呈现，立体地向学生展现学科特色，有利于激发学生的深入思考和进一步研究的兴趣。再比如电视剧《觉醒年代》艺术化地向我们展示了1915—1921年新文化运动、五四运动、中国共产党创立的波澜壮阔的历史，利用暑期的时间，可以推荐学生观看，撰写评论、观后感或者进行历史剧的展演，可以很好地提升学生的多学科核心素养。

阅读理解文本，准确提取文本中的信息，是学生各学科学习的底层能力。暑期也可以给学生布置一些阅读类作业。列出阅读推荐书目及简要的推荐理由，让学生根据兴趣自由选择，撰写读书报告等。要注意推荐书目的类型丰富多样，符合学生的年龄特点，能够结合课堂教学的内容或者学期、学年等学习内容。开学后可以举办读书交流会、主题板报或专题展览等活动，给学生搭建分享、学习、交流的平台。

教师在进行作业整体设计时，既要关注作业内容与目标的匹配，增强作业的选择性，也要关注不同学习层次和性格特质的学生，可以采用分层的形式，提升作业在适应和促进不同学生发展方面的实效性。还要注意作业量的适度，并给予学生必要的完成方法指导，以及过程中的阶段性跟进和答疑解惑，以更好地发挥作业的激励、评价和改进学生学习的功能，实现作业整体设计质量的提升。

课内课后一体化设计　答好"提质"这道题

通州区潞河中学附属学校　孙会芹

　　"双减"政策的实施，掀起了基础教育的一次革命，更加明确了"为谁培养人、培养什么样的人"。2022 年 4 月，义务教育课程标准颁布，进一步把党的教育方针细化为课程应该着力培养的核心素养，体现正确的价值观、必备品格和关键能力的要求。

　　潞河中学附属学校是按照《北京市城乡新区一体化学校建设管理办法》，2014 年由潞河中学承办的公立义务教育学校。作为立德树人最基础、最前沿的中小学校，我们必须站在为党育人、为国育才的高度，创造性地落实落细，在"怎样培养人"的问题上精耕细作。因此，我们秉承百年潞河人格教育的文化精髓，以育人目标为导向，积极构建潞河附属"养正"课程体系，着力培养学生的核心素养，促进学生全面而有个性的发展。基于课程内容和育人功能相统一的要求，"养正"课程结构依托"三层次、五领域"的总体结构，将五育有机融合，让立德树人贯穿始终。其中，"三层次"指基础课程、拓展课程、实践课程，"五领域"分别为社会与生活、语言与艺术、体育与健康、科学与思维、劳动与创造五个课程领域。

　　课程方案犹如建筑的蓝图，真正发挥育人价值需要干部教师的创造性实施。

　　我们着力建设"养正"课堂，激发生命活力，落实课堂提质。我校自 2015 年起积极推进《基于学习科学的友善用脑课堂教学实践研究》，在学习科学的指导下，转变教与学的方式，着力建设以学生和学习为中心的"养正"课堂。我们着力夯实学习新知的探索课、培养能力的训练课、关注习惯的作业课、构架结构的复习课、查漏补缺的试卷讲评课。其价值追求是让课堂充满学生的学习活动，让每个学生参与学习活动，让学生在学习活动中认真倾听、主动思考、积极交流、大胆质疑。

　　为了凸显学校的育人主阵地作用，我校把"课内＋课后服务"统筹安排。这种方式打破时空界限，强化资源整合，充分利用课后服务时间，开设综合素质拓展类课程，丰富了学校的课程供给，满足不同层次学生的差异化需求，确保每个学生学得更好更足，实际获得更丰富。学校还注重落实对基础课程的综合化实施，充分发挥课后服务答疑辅导对基础课程的补充作用，在解决学生在国家课程学习中的普遍问题的同时，有效关注个体差异，做好提优补困工作，促进学生在原有基础上进一步学会学好学足，提升学业水平。

在一体化课程的实施中，我们还注意从横纵两个方向发力。纵向上，对基础课程进行拓展和延伸，构建学科课程群。开设"5＋N"课后服务菜单式、可选择的课程，丰富课后服务的课程供给，满足学生的个性化需求，让学生尝试、发现、发展自己的特长禀赋、兴趣爱好，促进学生学业水平、综合素养的提升。横向上，实施跨学科综合实践活动、项目式学习，培养学生在真情境、真任务中综合运用已有知识解决问题的能力，促进学生综合素质的提升，促进学生正确价值观的形成，构建新时代教育新样态。

为学生设计有生命力的作业

北京市大兴区第八小学　李春蕾

《关于进一步减轻义务教育阶段学生作业负担和校外培训负担的意见》指出：提高作业设计质量，设计符合学生年龄特点和学习规律、体现素质教育导向的基础性作业。结合北京版《小学英语》教材内容和我的日常教学，我对课后作业设计进行了以下思考和实践。

一、学科融合促发展

跨学科融合，是近几年盛行的教学方式，实现学科之间的相互联系，融会贯通，整合知识体系，更加有助于提升学生的学习兴趣，有助于学生找到学习和世界之间的联系，增加了学习的趣味性。

三年级上册第 21 课的教学内容是学生能够用基数词和运算符号描述数学算式。学完这课之后，我给学生布置的作业是：用英语给家长或朋友出加、减、乘、除或四则混合运算的数学题。这项作业既锻炼了学生的英语口语表达能力，又增加了亲子互动，提高了学习的趣味性，学生感到用英语来表达数学方面的知识特别新奇，也特别乐意完成这项作业，做作业的过程中也巩固了本课的知识。

二、设计情景勤运用

英语终归是一门语言。我们学习它的目的并不是为了做题，而是为了交流，为了表达观念、传递思想。所以，如何学会"用英语做事情"，是小学英语学科核心素养的基本要求和必备能力。在合适的情景下运用英语，让英语起到交流、表达、传达信息的作用，就要从小学开始，进行"情景式、浸润性"英语交流练习。

如三年级上册第五单元学习天气的表达，根据天气给家人或朋友穿衣服的建议。学习完第 16 课，我给学生布置的作业是观看本周天气预报，告诉家人本周的天气、温度以及给出穿衣建议。对于这种符合学生生活实际的作业，学生非常感兴趣，他们乐于参与、乐于完成，这种形式既提高了学生持续学习英语的兴趣，也巩固了所学的知识。

三、以人为本巧分层

创新作业形式，使作业设计富有多样性和挑战性，让不同层次的学生选择不同层次的作业，既满足了不同学生对学习的需求，又开发了他们的学习潜能。

对于学习有困难的学生，可以只做基础性的简单练习；学习能力强的学生，可以选择有挑战的作业，通过自己的努力完成"跳一跳，就能够摘到桃子"的作业。

比如五年级上册第 13 课，其中有个板块是介绍汤圆的做法。学完之后，我进行了分层作业设计：英语基础较差或学习一般的学生，完成"制作汤圆"的各个步骤的手抄报；英语学习有余力的学生完成"亲手制作并英文讲解汤圆制作过程"的作业，以制作 PPT 或录制视频的方式，为同学展示学习成果。"动手做汤圆"极大地激发了学生的学习兴趣，巩固了学习成果。

第四部分　丰富课后服务

"双减"造就大阅读时代

作家、新阅读研究所、中国全民阅读十佳推广人　李西西

　　"双减"深刻影响并已经开始深度改变着学校教育与家庭教育的现状。学生上课外辅导班的时间少了，可供支配的阅读和运动时间多了。这就给了阅读一个全新的机遇。从某种意义上，我们甚至可以认为：真正的"双减"将从真正的阅读开始。

　　"双减"不是为了减少教育的功效，恰恰相反，是希望通过科学的方法、多方的协同，能够吻合教育的科学规律，让教育公平和教育效率兼顾。阅读，正是科学的教育手段，而且是高效的自我教育工具，要想让"双减"落到实处，阅读必不可少。

　　今天的阅读，我称之为"大阅读时代"。

　　大阅读时代，指阅读人群之广泛。在教育中，则具体指向了教育的多方，无论学生、父母、老师，还是社会相关职能部门，都将以阅读为沟通交流的基础。

　　大阅读时代，指阅读方式之多元。从广义而言，纸质图书、有声书乃至影视，在科技进步之下越来越彼此融合。

　　大阅读时代，指阅读课程之专业。曾经，阅读和教育的一大区别就在于教育是一种更为专业的阅读，随着"双减"的有力推进，网络的各种便利，大阅读时代的阅读将更为专业。

　　我从 2004 年开始做了一些推动阅读的工作，后期更多转入阅读研究中。"阅读如何更深入、更专业"是我研究的重心。

　　要注意阅读内容的专业化。一个人在阅读中，除了随心所欲地自由阅读，

一定要对阅读有所规划，就需要借鉴不同书目，参考制定自己某一段时间的阅读书目，进行集中阅读。比如新阅读研究所在已经成功研制一套 9 种的基础阅读书目之后，近几年进一步推出学科阅读书目的研制成果，为中小学不同年级、不同学科提供教师书目和学生书目。

要注意阅读方法的专业化。同样的读者读不同的书，或者不同的读者读同样的书，都有着不同的阅读方式。有的书比较艰深，适合一个人"精细啃读"，或者一群人"共读共议"。有的书深入浅出，还可以借助活动进一步践行。选对方法，才能保证收获。

多年来，我和团队研发了许多新颖的阅读方法。比如"童书电影说写课"及"听读绘说"图画书阅读，这些方法在学校和家庭中都取得了令人欣慰的效果。在当下的特殊环境中，我们愈发鼓励亲子阅读，亲子共同观影。其中一个核心的方法论就是：不带任何先入为主的预设立场，敞开心扉，相信孩子，陪伴孩子，与孩子互相成就，共同促进。

只要在家庭中建设阅读学习的氛围，建立平等交流的情感桥梁，对于此前因教育焦虑而受到损伤乃至缺失的亲子关系与健康成长环境，是能够得到超乎想象却在情理之中的弥补与裨益的。

总之，在所有的教育活动中，阅读是推进社会公平最有效、最简便的工具。共同阅读，可以说是一种精神生活上的共同富裕。"双减"对阅读绝对是一种恰逢其时的指引，堪称划时代的历史机遇。自 2014 年起，政府工作报告连续 9 年写入"全民阅读"，2022 年更是用了前所未有的力度强调"深入推进全民阅读"。相信当共同阅读的氛围真正弥漫、润泽全社会的时候，将有更多成绩显示，时代选择了"双减"，进而选择了阅读，这并不是一个巧合，而是幸福教育的起点。

家校协同　使全学科阅读成为常态

北京市海淀区教育科学研究院　张晓玉

阅读是基本的学习力，怎么强调都不过分。中小学是培养阅读能力和素养的关键时期。但由于长期以来，重知识传授、轻素养培育的传统教学方式以及繁重课业负担的挤压，当前青少年普遍存在阅读兴趣不高、阅读动力不足的问题，没有形成良好的阅读习惯与稳定的阅读行为；阅读对象也多囿于语言学科范围内，且侧重信息提取与知识积累，忽略高阶思维品质培养；因阅读能力不足导致的学科学习困难日渐凸显，是否喜欢阅读也成为学生成绩分化的重要影响因素。

苏霍姆林斯基指出："让学生变聪明的方法，不是补课，不是增加作业量，而是阅读，再阅读。阅读是各学科医治学困之疾共同的灵丹妙药。"这段耳熟能详的话至少包含两层含义：第一，阅读是学习各学科的共同基础，是各科学习都要具备的基本能力。第二，阅读能力与各学科成绩存在正相关，阅读能力提升能够促进各学科成绩的提高。而阅读能力的提升既需要以学习阅读作为前提和基础，也需要以阅读学习作为路径和旨归，后者即"学科阅读"。这是新课程改革语境下聚焦素养培育的教育教学的内在需求，也是"双减"背景下助力学生摆脱大量重复作业、实现自主学习的重要方式。

全学科阅读的落实需要家校协同。首先，学校是全学科阅读实施的主阵地，需要切实增强教师的学科阅读教学意识，提升其学科阅读指导能力，在学科阅读资源建设、学科阅读教学实践、学科阅读评价改进等方面发挥主导作用；可鼓励教师开展跨学科合作，将语言学科积累沉淀的方法策略选择性借鉴迁移到数理学科中来。对于学生而言，要将阅读作为各学科学习的基本方式，将阅读渗透贯穿到课内外学习的全过程之中，采用各学科适宜的阅读方法，广泛涉猎多学科阅读内容，通过阅读来把握学科本质，提升学科素养。

其次，家庭是全学科阅读实施的助力场。家长要鼓励孩子进行多学科阅读，并在如下三个方面着力：一是做支持阅读的家长，尽可能为孩子引荐或购买各学科领域的经典书籍，可以结合孩子的兴趣爱好，也可以结合家长自己的专业背景和阅读经历选择书籍。二是做喜欢阅读的家长，最好有自己的读书规划，保持个性化、持续性阅读，并不时地将自己的阅读收获利用茶余饭后的共处时光分享给孩子。同时，尽可能与孩子开展亲子共读，小学生家长可以跟孩子一起开展游戏化阅读或举办家庭故事会；中学生家长可以针对孩子感觉不好读的书籍，跟孩子分享自己的经验和体会。三是做协作共育的家长，尽力支持和配合学校的阅读规划，主动参加家校共读展示活动，在家校之间形成合力，共同营造学科阅读的氛围。

让读书成为一辈子的修行

北京市十一学校　雷其坤

读书如吃饭，是健康成长之必需：吃饭长身体，读书长智慧。一日三餐寻常事，天天都是读书日。

读书可以从兴趣入手，喜欢读什么书，就尽管去读，只要是健康的。无论是随便翻翻，还是细嚼慢咽，进入书的世界，都是有益的。孩子在成长过程中的每一个时期，阅读一些适宜的书籍，对促进其心智的发育都是非常重要的。如果由阅读兴趣进而养成良好的阅读习惯，那更是终身受益。

孩子的阅读兴趣我们要小心翼翼地保护。家长在孩子的衣食住行上从不吝啬，在购买图书上自然也是慷慨大方。带孩子逛书店，你自然可以推荐，但也要尊重孩子的选择。如果孩子挑选的图书你不买，而非要给孩子买几本练习册不可，也许孩子从此就再也不想逛书店了。曾经有一个学生在随笔中写到，妈妈送给他生日礼物，包装精美，他无限欣喜，打开包装，竟然是各科的练习册，他立马无比沮丧，再也不想过生日了。如果孩子沉醉书中，家长不要打扰，更不要大喝一声：作业完成没有？孩子健康成长，不能急功近利。如果家长能跟孩子一起阅读，一起兴致勃勃地讨论，那就再好不过了。

就语文而言，孩子用心读书，就是最重要的作业。送走许多届高三学生，发现一个普遍的规律：那些喜欢阅读，阅读了大量名著经典的学生，语文素养好，后劲十足，高考成绩优异；而那些很早就开始刷题的孩子，越接近高考越缺乏后劲。因此，我主张非毕业年级学生少刷题、多读书，腹有诗书气自华。在我的语文课堂上，只要学生在用心读书，即便读的不是课本而是大部头的世界名著，即便没有与课堂教学节奏保持一致，我也不去打扰。高考语文获得148分的孙婧妍同学，特意在《语文漫谈》中对我这样的态度表示感谢。我想，既然学生自己主动在贪婪地"吃"，教师又何必非要强行去"喂"？

要让孩子的主要精力投入到名著经典的阅读上。古今中外的作品浩如烟海，经过大浪淘沙之后留下的黄金般的著作，无疑更有价值，阅读收获更大。我们用古今中外人类精英的思想来营养自己，而不能让自己的头脑成为别人思想的跑马场。阅读经典名著，要着力于阅读原著，不能用指导阅读的图书或者百度百科的介绍来代替对原著的阅读。经典名著，犹如美味佳肴，如果只了解其食材特点、营养成分、烹饪手法、色香味形等，却不好好去对美食咀嚼、品味、消化、吸收，能得到什么真正的营养呢？当然，在阅读原著的基础上，适当阅读一些参考文献是有益的。

随着学历的递增与学力的提升，随着阅读成果的不断积累与日益丰厚，需要加强融会建构。蜘蛛吐丝妙结网，燕子衔泥巧筑巢；联散珠而成美项链，穿山楂而制糖葫芦。建筑师以钢筋水泥建造出高楼大厦，厨师将各种食材烹饪成美味佳肴。鲁迅塑造人物"杂取种种合成一个"，王国维摘取佳句构成治学三境界。融会贯通见功力，巧妙建构显神奇。只学而不建构致用，饱学之士而成"两脚书橱"。不会建构，事倍功半；学会建构，事半功倍。

"读书随处净土，闭门即是深山。"读书，是一辈子的修行。

做好课后服务需更多元的师资配备

北京市海淀区教育科学研究院　　吴颖惠

从各地的实践来看，学校教师是课后服务的主力军，也是课后服务质量的决定性因素。如何调动教师的积极性参与课后服务？如何在减轻学生学习负担的同时也减轻教师工作负担？如何统筹多方资源共同做好课后服务？厘清这些问题是推动课后服务良性发展的关键环节，也是推动"双减"政策落地的现实需求。

各地实行课后服务以来，学校普遍反映作为"主力军"的教师负担明显增加。由于不少学校课后服务师资缺口比较大，大多数学校都是利用本校的教师资源开展相关课后服务延时课程，很多教师在校工作时间明显高于原来的工作时长，特别是班主任、骨干教师与学校管理干部更是如此。课后服务的教师工作权责和边界不清晰，过长的工作时间导致教师工作压力过大。学生课后服务多元需求对教师能力提出了新要求，对教师也造成了新的压力。

还有一些学校，在课后服务经费、资源得不到保障的情况下，化激励为惩罚，如与岗位晋升、评优评先挂钩，要求教师义务参与课后服务或直接摊派任务。这种做法导致部分教师对课后服务持有消极态度，产生了抵触与倦怠情绪。

因此，要想课后服务高质量发展，必须解决好教师工作负担过重的问题，必须像关注学生的学习负担一样，高度关注教师的工作负担。

参与课后服务带来教师工作量的增加、休息时间减少，可以采用适当补偿原则，对参与课后服务的教师在经济报酬、职称评审等方面进行倾斜，以实现教师的实际损失与收益的平衡。只有教师的付出得到了肯定和合理的待遇，才能充分调动教师的积极性，确保课后服务水平的提升。

学校还要积极探索实施个性化的弹性工作制度，保护教师合法权益，而各地围绕"弹性上下班制"的落实有诸多做法值得借鉴。学校还要赋予教师课后服务课程设计的自主性，发挥教师的创新力，尊重其主体性和创新性。教师的获得感增强了，其参与课后服务的热情自然会大大提升。

课后服务不是权宜之计，而是全面育人的有机组成部分。学校需要站在立德树人的高度，科学统筹、合理安排课后服务师资，厘清课内与课外的界限，破解难题困惑，寻找平衡点，统筹社会、家庭等多方资源，共同做好课后服务工作。

就学校内部而言，在课后服务推进过程中，一些学校把压力主要放在了班主任等部分岗位或部分学科教师身上。对此，各校要综合考虑教师岗位职责、学科专业和实际工作量等因素，公平、合理地分配教师及工勤人员的任务。教育管理部门必须考虑合理配置学校专任教师与非专任教师的比例，并在非专任教师中明确职员、教辅人员与工勤人员的最低比例。当下，一些学校探索建立A、B岗制度，方便参与课后服务的教师应急调整、交替轮岗；还有一些学校配备了副班主任，合理界定正、副班主任职责分工及相关待遇，统筹做好班级管理工作，避免因弹性上下班产生班主任缺席班级的管理问题。这些做法都值得借鉴。

为了解决课后服务师资短缺问题，还要积极统筹社会资源，吸纳更多社会专业人士参与课后服务，实现课后服务教育人员的多样化。学校可以通过政府购买服务的形式向第三方培训机构采购课后服务课程，也可以与少年宫、青少年活动中心等社会机构共同开展合作。这种做法一方面可以缓解教师参与课后服务的压力，另一方面也能真正提升课后服务质量，满足学生的需求。

同时，学校还可以根据学生需求和课程设置需要，聘请专业院校教师、退休教师、体育教练、文艺科普工作者、能工巧匠、"非遗"传承人、家长讲师团成员、大学生和社区志愿者等社会各界人士参与校内课后服务。

一体化设计课内和课后服务课程

北京小学 李明新 于 萍 李 荣 李 铜

北京小学致力于创造适合学生发展的教育，积极探索因材施教的策略。在落实"双减"的实践中，坚持从"全面发展"与"个性需求"两个维度进行学校课程顶层设计。让"课内＋课后"两类课程同频共振，追求学校课程整体育人功能的最大化。

在课内课程的建设过程中，学校提出了"课堂＋作业"联动优化的思路。学校持续以"实与活"的思想引领和深化教学改革，不提倡"抢跑"，强调夯实基础、做实学段、务实课堂；同时要目中有人，用活资源，激活方法，盘活评价。

各教研组广泛开展了"以作业改革撬动课堂教学结构变革"的研究。打破传统"满堂讲＋课后练"的模式，课上精讲精练，探索课堂结构的积极变革。进而针对不同学科、不同学段、不同课型、不同班级的特点与需求，在讲练顺序、时间分配、内容选择等方面灵活调整，因材施教。

在课后课程的建设中，学校坚持系统思维，致力于构建优质的课后课程体系，以促进学生个性发展。北京小学的课后服务课程不是"单打独斗"，也不是"另辟蹊径"，而是努力保持与课内课程的"一体化"。一方面，师资一体化。发挥支部的先锋作用，党员干部和骨干教师带头，调动教师参与课后服务的自觉性、积极性。另一方面，课程设计一体化。学校基于课程标准，着眼于学生兴趣培养和能力拓展，提出"两时段＋三大类"课程模式，提供菜单式课程内容，供学生自主选择，以优质的课后服务让家长放心地将孩子留在校园。

"两时段"是指每天课后服务时间分为两个时段来设计。第一时段（下午3：30—4：30）是"作业时刻＋快乐健身"。第二时段（下午4：30—5：30）是"课后服务＋兴趣拓展"课程时段，开设包括学科拓展类、兴趣发展类、综合服务类三大类课程。三类课程定位各不相同，由学生自主选择参与，满足学生发展兴趣特长的多元需求。

学科拓展课程针对在学科学习中"吃不饱"的同学开设。包括语文宝典、益智数学、实用英语，旨在促进和满足学生在学科学习方面的学足、学优。本课程由特级教师、市区骨干教师牵头研发设计，创新性地采用"线上＋线下"相结合的模式实施课程，有效破解了骨干教师数量有限和参与学生需求较大之间的矛盾。

兴趣发展课程针对在体育、科技、艺术等方面"有兴趣"的同学开设，包括足球、游泳、篮球、跆拳道、田径、乒乓球、合唱、舞蹈、科技、创意制作、书法、绘画等丰富的内容。这类课程主要由学校学科教师承担，辅以少部分校外优质教育资源协助承担，以满足学生在兴趣爱好发展方面的学习需求。

综合服务课程针对的是希望完全自主安排学习内容，又需要学校提供托管服务的学生。这类课程更大程度地尊重学生的实际需求和发展现状。一方面，学生有充分的时间自主安排阅读、绘画、练字、小制作、专题研究等活动。另一方面，在每周四的综合课程中，李明新校长开设了"校长故事时刻"课程，播讲长篇小说《小英雄雨来》《两个小八路》，培养学生的爱国情怀，点拨语文知识，深受广大学生喜爱。在实践中，除了为学生精心准备课内课程的"正餐"以外，努力让课后课程成为课内课程的"辅助餐"和"营养餐"，北京小学构建了一体化的课内课后课程体系，使学生在校园内学足、学好，促进学生全面而富有个性地成长。

"双减"后半篇 课后服务怎么做

现代教育报社 张晓震

新学期开学有一段时间了，很多学校已正式开启课后服务工作。"双减"之后，北京各学校积极探索多种课后服务形式，用丰富多彩的课后活动，让学生在学校既"吃饱"又"吃好"。

2022年8月29日，北京市召开基础教育工作会。会上，北京市委常委、教育工委书记夏林茂强调"要做好'双减'后半篇文章"，要在"区域资源统筹、课堂质量、教学规范、课业辅导、作业设计上下功夫，不断提高课后服务水平，持续完善家校社协同育人机制"。"双减"进入后半篇，北京中小学的课后服务工作进行得怎么样了？为此，笔者走访了北京市多所学校，发现不少学校无论是对课后服务的认识，还是对课后服务内容和机制的探索，都有不少亮点。

一、政策解析：2.0版课后服务全面升级

北京市教委对课后服务有着明确的定位。早在2018年，北京就已着手探索中小学课后服务工作。北京市教委主任刘宇辉在谈及课后服务时指出，开展课后服务，本质是落实立德树人根本任务。课后服务是学校整体"育人"活动的有机组成部分，是服务学生全面健康成长、满足学生多样化需求的课后育人活动，也是义务教育基本公共服务的延伸。落实课后服务，关键是重塑学校育人生态，立足于满足学生个性化、差别化的成长需求。课后服务内容要面向所有学生全面平等开放，使学生通过参加课后服务，真正有所收获。

这里，不仅对课后服务是"义务教育基本公共服务延伸"的性质进行了确定，更对课后服务"落实立德树人根本任务"的本质进行了明确；同时，还对课后服务推进的路径(重塑育人生态)和目标(满足个性化和差异化的成长需求，让学生真正有所获)进行了概括。

北京也是较早提出"全面打造升级版课后服务"的城市之一。2021年11月，北京市召开了基础教育校长大会，提出"将全面打造2.0升级版课后服务，

将课后服务重点从'有没有'转向'好不好''强不强',推动课后服务高质量、有特色发展"。再次明确了"'双减'背景下的课后服务实际上是重构学校教育的供给体系"的认识,再次强调了"评价课后服务,核心是看学生有没有实际获得"的目标,同时指明了路径和措施以及实施重点(强化体育锻炼、补足劳动教育)等。

正是在这次会上,刘宇辉主任明确指出,课后服务是校内提质增效的重要之举,是学校教育满足学生全面而有个性的发展的关键环节。课后服务"升级版"是理念、定位、路径、措施上的全面升级。

二、学校探访:新学期学校课后服务有了新变化

尽管受对课后服务的认识以及开学初新冠疫情反复等因素的影响,部分学校对如何推进课后服务再提升工作尚有待开启,但笔者在采访时发现,不少学校仍然克服了重重困难,致力于实现课后服务的转型与升级。这其中既有转变课后服务新模式、变学生被动为主动、探索学生自组社团的,也有推动课程群建设、满足学生多样化需求的,还有学校通过深耕制度建设解决了参与课后服务老师们的后顾之忧。

(一)变化1:转变课后服务模式 学生自组社团

本学期,北京十一学校丰台小学将课后服务工作定位为学生在校一日生活规划中的儿童自我发展时段。课后服务工作围绕"自主、互助、个别化"三个原则,开设了指向培养学生自主发展的课业辅导与自组社团以及劳技社团。

在具体实施中分为两个时段:第一个时段是从眼保健操之后的15:05—16:30,主要包括体育锻炼、课业辅导和学生自我发展;第二个时段是16:30—17:30,主要以实践类课程和社团项目课程为主。

校长曹君认为,上学期,他们在课后服务时段尝试开设了7个学生自组社团,取得了非常好的效果。因此,这学期在课后服务的第二个时段,他们在四至六年级全面开展了学生自组社团活动。这种以学生自己组织为主的社团不仅有效缓解了师资不足的压力,更激发了学生的自主性和创造性,让学生真正有所获得。此外,学校还结合新课程标准的发布,在课后服务第二个时段专门安排了"劳动日",以班级为单位开展日常生活劳动、生产劳动和服务性劳动。在高年级开设了劳技社团,组织学生进行金工、木工等维修和制作类活动等,培养学生的综合素养。

在北京市育英学校，学生自组社团更是开展得如火如荼，成为课后服务的一道亮丽风景线。负责学生社团工作的魏震副校长认为，在"双减"之前，学校的自组社团活动就已经开展数年了。她说："学校充分调动学生的自主性，引导学生去主动开发资源，通过承办社团活动，丰富校园生活，这样的课后生活是更加丰富多彩的(不仅是下午放学时间，午间活动也精彩)，在此过程中学生们的综合素质得到了全方位的提升。"

目前，育英学校的学生社团活动已开始走向探索创新发展之路。学生不再只想着如何开展社团活动，而是思考如何打造品牌社团，如何让自己的社团在学校乃至校外更加有名气，如何为学校做点实事，如何回馈学校的帮助与支持等。学生通过自组社团活动，在承担责任中实现了成长。

(二)变化2：建设课后服务课程群　满足学生多样化需求

对外经济贸易大学附属中学则走出了一条课程升级之路。学校把课后服务课程作为学校整体课程的有机组成部分，深耕课后服务课程的体系建设，整合在校教师资源和对外经济贸易大学师资力量，开发和设置拓展型课程，开设了课后服务课程群，满足学生的多样化需求。

据副校长武京介绍，学校的课后服务课程群共包括三大类：主题活动类、学科辅导类和拓展类。主题活动类课程包括学科主题活动和年级主题教育活动。前者主要是结合学科特点和学生的兴趣点开设，如语文学科开展名著阅读，生物学科开展科普讲座等；后者主要是结合学生发展节点开展主题教育活动，深化爱国主义、集体主义教育，培养学生正确的价值观。学科辅导类课程是在原有课后学科辅导基础上的深耕细化，用分层分类的方式推进学科答疑，以提高课后服务的针对性，学生可以针对自己学习真实状况进行选择性学习。拓展类课程是为了满足学生个性化发展、特长发展而提供的课程群，以"体育、艺术、科技、劳动"为主的选修课，突出实践性、体验性、综合性。为了让学生的特长有可持续性，学校还通过开展文化节、科技节、运动会、体育节等活动，通过组织成立民乐团、舞蹈队、航模社团等形式，带领学生参加各级各类比赛和展示，促进学生特长发展。

(三)变化3：推进制度建设　为参与课后服务教师"松绑"

北京市通州区梨园镇中心小学通过制度建设，让参与课后服务的教师的担子"松"一点，课后服务"实"一点。为此，学校制定了教师弹性下班制度和完善绩效工资方案，尽可能为参与课后服务的教师做好保障工作。

校长冯玉海认为，为促进课后服务工作的推进，参与课后服务的教师除了集体教研和集体例会时间要参加外，每周可自主选择两天提前一小时下班。此外，学校还通过完善绩效工资方案，对参与课后服务的教师进行绩效倾斜。在评选"最美教师""五美教师""校级先进工作者"时，同等条件下也会对积极参与课后服务工作的教师优先考虑。

三、专家建议：要打破原有的校内教育模式

"提升课后服务，需要打破原有的校内教育的模式。"中国教育科学研究院储朝晖研究员认为。他表示，很多学校基于原来的校内教育模式来开展课后服务，是造成目前课后服务难提升的主要原因。在他看来，在义务教育阶段，国家规定的课程最多只能占用学生学习时间的60%，另外40%的时间应该让学生学他喜欢学的、做他喜欢做的、玩他喜欢玩的，这样课内课外就形成一个育人整体。课后服务主要应该围绕学生40%的时间来设计内容和活动方式，内容、活动的设计以及时间安排要让每个学生能够自主选择。因此，不能把课后服务简单地当成课内教学的延伸，如让学生在课后服务时间只是做作业，而是要让学生在40%的时间里真正实现自主发展，更加充分地发展不同学生的天性，使他们对自己有更准确的认知，更多发挥自己的优势和特长，去成为最好的自己。

至于路径，储朝晖建议增加学生自组社团活动。社团由学生自己组建、自己开展。他说学校社团不能由学校设计好，然后让学生来参与，这实际上是校内教育模式在课后服务上的一种变相延伸。在他看来，学生自主性的发展是有特定的年龄段和特定的时机的，义务教育阶段恰好是最好的年龄段和时机。而学生自发组织的社团是发展自主性和兴趣爱好的较优方式。从育人的角度来说，学校有责任推动这件事，也可以借助社会专业机构的力量，关键是建立一种共识和机制。

华中科技大学教育科学研究院刘长海教授同样建议，保障课后服务质量一定要坚持课后服务的"选择性、拓展性"定位，课后服务应在不加重学业负担的前提下促进学生德智体美劳全面发展。在此前提下，通过开发有特色的课后服务课程体系、完善经费保障制度、加强课后服务督导以及开展课后服务研讨等，确保课后服务有效开展。

文汇中学开启探梦实验科学课

——课后服务时间做实验

现代教育报社 赵翩翩 王玲玲

为有效落实"双减"政策，丰富学校课后服务课程，近日，北京市文汇中学利用课后服务时间，为南、北两个校区三个年级的学生开展了主题为"实验解锁奥秘 启航科学探梦"的学科实践活动课程。

百年老汤，回味绵长，其中的奥秘是什么？平时吃的果酱、口香糖和非牛顿流体有何关系？我们通过一个个集探究性、趣味性于一体的科学实验，带领文汇学子们展开一场奇妙的科学探梦之旅。

初一年级实践课程以"生活中的科学"为主线，将科学实验与生活实践相联结，通过趣味十足的生活情境设计，激发大家的好奇心，促使学生思考现象背后的科学原理，从而感受科学就在身边，生活处处皆科学。

初二年级实践课程则围绕物理中力学、浮力和化学中物质的燃烧等知识点，在探梦实验员趣味横生的情节带领下，为大家演示了一个个新奇的实验：鲁伯特之泪、极寒之液、徒手劈砖、手撩液氮和水下蜡烛……一个个新奇的实验现象，吸引了一双双求知若渴的眼睛，在强大求知欲的驱动下，学生主动探求其中的原理，结合任务驱动的学习单的要求，将收获感悟及时梳理记录。

常见的水果、可乐和硬币可以发电？生活中的无线电充电技术与隔空点灯的科学原理相似吗，与特斯拉线圈又有何关联？

初三年级实践课程内容密切联系物理学科知识点，一步步引导同学们以知识原理解锁其中的奥秘，在实验的解密中感叹科学的神奇；在现象的解释中感受科学的魅力。

受疫情影响，此次科学实践活动以线上方式进行，学校教科研联合索尼科技探梦馆的老师，依据三个年级学生身心发展的需求，反复研磨，在做好疫情防控的前提下，"量身定制"了"探梦实验室"科学课程，通过观看系列融合物理、化学等学科知识内容的科学实验，结合任务驱动的学习单，来探索每个实验背后蕴含的科学原理，让学生在有趣、有料的情境中感知科学的奇特，感悟科学给生活带来的改变。

学科实践助力"双减",趣味融合启航"探梦",学校相关负责人表示,本次实践活动课程通过引人入胜的情节设计,以奇幻实验视频为载体,巧妙融入学科知识,激发学生学习科学、探索科学的兴趣。学校将持续深化教育改革,以创新学科实践活动课程为突破口,减负增趣,减负提质,贯彻落实"双减"政策,促进学生全面健康发展。

第五部分　教师轮岗交流

组团式教师轮岗成朝阳区新亮点

现代教育报社　凌月云

2022 年 2 月，新学期伊始，北京市朝阳区教育系统全面启动义务教育阶段教师交流轮岗。据了解，此举旨在落实义务教育阶段"双减"工作要求，盘活教师资源，激发教师活力，提升教师专业发展水平，进一步促进学生的全面发展、教师的专业成长、学校的优质均衡，为提升课堂教学质量、优化作业布置与管理、提升课后服务水平探索新举措形成新方法，实现具有区域特色的义务教育高质量发展。

朝阳区教委相关负责人介绍，本次义务教育阶段教师交流轮岗的范围在所属集团化学校、学区内学校以及区域内校际间进行。参加交流轮岗的教师涉及在同一所学校连续工作 6 年以上且距退休时间大于 5 年的在编在岗专任教师，轮岗期限一般为 1—3 学年。

针对区域面积广、学校数量多、发展较快等特点，朝阳区启动了考察聘用交流轮岗、需求导向交流轮岗、骨干引领交流轮岗以及组团结对交流轮岗四类交流轮岗形式。其中，按需求导向交流轮岗主要面向学生，涉及课后服务、社团服务和学科教学服务；骨干引领交流轮岗立足教师发展需求和学科建设需要，通过骨干支教和名师工作室(团组式支教)的形式，全面提升普通教师的专业水平和施教能力；组团结对交流轮岗则聚焦学校发展需求，借助"一对一"组团、"多对一"组团的形式，集中选派市、区级骨干教师组成团队支持一般学校转型升级，让一般学校在教育教学管理、人才队伍建设、学科教学质量等方面均得到提升。

作为教师交流轮岗工作重点推进校之一，北京市朝阳区芳草地国际学校远洋小学和朝阳区日坛小学携手，以组团的方式进行交流轮岗。校长王薏认为，未来将依托身兼两校负责人的优势，以远洋小学骨干教师的流动带动日坛小学青年教师的成长。她进一步解释说："骨干教师通过听评课、专题讲座等方式，助力学科教师快速成长，促进学校教学质量全面提升，从而实现教育优质资源均衡发展。"

北京市陈经纶中学帝景分校与黄冈中学北京朝阳学校组团交流，共涉及语文、英语、物理等8个学科，13位市区级骨干教师以及学校备课组长，以每两周一次的频率，主要完成教师集体备课、听课指导等工作。"今后，我校还会与陈经纶中学帝景分校进行深度交流，并同步参加陈经纶中学教育集团初中部的期中质量监测。"黄冈中学北京朝阳学校校长牟成梅表示。

基于学校发展需求，朝阳区兴隆小学获得了区教委组团轮岗方式的精准支持，即"人才组团、学科打包式"的轮岗交流方式。据校长陈凤伟介绍，首批入驻兴隆小学的"骨干人才"交流团，涉及道德与法治、语文、数学、英语、音乐、体育、社团七大门类课程。各学科骨干教师将通过听课评课反馈、备课作业设计、科研教研指导、观摩分享研讨、任务驱动展示、践行积累分享、课后服务提升七种方式，帮助学校教师开阔视野、更新观念，激活教师成长动能，激发学校办学活力，积淀学生核心素养。

大兴区正式启动科技艺术教师兼职轮岗

北京市大兴区教育融媒体中心　万蒙蒙　王文军

为了助力"双减"政策的落地实施，充分激发教师队伍活力，强化学校教育主阵地作用，打造高质量的教育体系，大兴区教育系统科技艺术教师兼职轮岗于近日正式启动。

北京小学翡翠城分校与来自北京市大兴区礼贤镇第一中心小学、北京市育才学校大兴分校的领导及老师们，举行了新学期兼职交流轮岗工作启动会以及第一次交流活动，正式开启本学期教师交流轮岗工作。据悉，北京小学翡翠城分校承担了课后科技艺术北京市艺术特色校、北京市科技特色校、金帆舞蹈联盟、金帆书画院联盟四个团组的交流轮岗任务。

本次启动会由北京小学翡翠城分校的艺术教育负责人张鑫老师主持，她向各校教师传达了《大兴区义务教育学校教师兼职交流轮岗评价方案》《大兴区教育系统教师兼职交流轮岗管理办法》等文件精神。在各学校参与轮岗的教师进行自我介绍后，各科技艺术团组自行组成研讨小组，进行社团及管理经验的探讨。随后，各校领导及老师参观了合唱团学生训练，初步制订了本学期轮岗工作计划。北京小学翡翠城分校将积极推动教师交流轮岗工作的落实，努力实现校际互促交流和优秀资源的共享，认真将"双减"政策落到实处。

大辛庄中学也启动了和礼贤镇第二中心小学的2022年度科技骨干教师交流轮岗工作。交流轮岗教师、合作对接教师、两校此项工作主管干部和两校校长参加了启动会。此次交流轮岗的杜金苹老师和赵忍忍老师，既是大辛庄中学科技骨干教师、区级优秀科技辅导员，也是区级学科骨干教师。他们将在每周固定时间到北京市大兴区礼贤镇第二中心小学，与三位老师和几十名学生交流探讨，共同完成既定的绩效目标，从而带动两校的科技教育工作取得新的成果。

大兴区此次科技艺术教师兼职轮岗工作以提高课堂教学质量和课后服务水平为出发点，以全区学校共同提高为突破点，聚焦不同层次、不同类别的学生需求，重点推进区级及以上骨干教师均衡配置，普通教师按需轮岗，实现教师

105

资源优化配置，区域教育教学质量整体提升。

　　未来，大兴区将继续推进教师交流轮岗工作，促进"双减"政策有效落地，全面促进教师合理有序流动，优化义务教育教师资源配置，提升区域教育优质均衡发展水平，让更多学生获得更充裕、更优质的学习机会。

让轮岗成为青年教师成长的良机

北京建筑大学附属小学　张　静

2021年北京市开启新一轮教师交流轮岗工作，进一步加快了"双减"工作增质提效的"步伐"。2022年伊始，西城区中小学依据"双减"政策积极探索管理变革新模式，进一步推进集团化办学、小而美精品校等项目。北京建筑大学附属小学根据学校青年教师多、教科研能力亟待提升的现状，依托教师交流轮岗工作，通过构建现代化管理体系，以"请进来、走出去"的方式开展教师轮岗工作，为不同成长阶段的教师提供发展平台，不断提升学校教育教学质量和服务水平。

轮岗机制可以激发全体教师内在动力，让教师感受到职业的社会价值，进而产生认同并提升幸福指数，促进教师树立以德立身、以德立学、以德施教、以德育德理念的认知；通过实践，探索学校管理发展新模式，促使"老、中、青"不同的教师团队重新规划、研究发展路径，将学校"双减"工作引向持续有效的推进轨道；通过教师轮岗工作，加强师资专业扶持，让学校管理更加可持续化，更有内涵；通过教师轮岗还可以增加集团校内部和校际间的交流，促进教师尽快学习到先进的教育教学理念，重新定位职业生涯的方向和岗位"建功"的目标。

学校还可以借助教师轮岗机制，实现用"双减"为学校管理赋能的目的。依据实践，凝练出具有学校特色的教师专业发展标准和思路，引领不同发展阶段教师成长。具体来说，可以开展"学习—研究—实践—评价"模式的教师培训工作，力争实现"减"负有成效，"增"质有温度；建立"学校—教研组（年级组）—教师"三级评价体系，促进教师自我提升与为校做贡献和谐统一，努力做到以研促提升，互学共成长。学校管理中，教师的专业提升不仅需要外部引领和激发内在动力，更需要依托有效机制，通过实践落实学校整体发展目标，最终形成一个可推广应用的管理体系。

北京建筑大学附属小学针对教师自主意识和实践能力的不同程度，结合最新教师轮岗工作计划开展的实践工作，通过学习研究和实践探索，加快了教师团队的发展，提高了教师群体教育教学的实践能力。通过实践，学校管理重点问题得以突破，以问题为导向，集中发力，借"双减"和轮岗政策，培养全体教师的精品意识，学校发展实现了"脱胎换骨"。

"双师课堂"为教师轮岗增效

北京市朝阳区芳草地国际学校远洋小学 杨 洁 林 智

2022年4月27日，由北京教育科学研究院基础教育教学中心和首都数字化协同创新中心主办的"科研引领减负提质，科技赋能优质均衡"市级研讨会召开。研讨会聚焦课堂教学主阵地，采用同课异构的方式继续探索基于信息技术支持下学科新型教与学模式。会上，北京市朝阳区芳草地国际学校远洋小学和朝阳区日坛小学开启了一节特别的"双师课堂"，成为此次研讨会的一大亮点。

一、两校学生同上一节数学课

随着上课铃声响起，朝阳区芳草地国际学校远洋小学和朝阳区日坛小学二年级的学生相聚云端。芳草地国际学校远洋小学校长、特级教师王蕙，青年教师李烁与日坛小学青年教师孙雪同堂上了一节二年级数学课"数学广角——推理（二）"。

填数游戏是学生们最喜欢的数学益智游戏之一。在这节课上，王蕙校长与孙雪老师联手带领两所学校的学生探索数独的奥秘。"在方格中，每行、每列都有1—4这4个数，并且每个数在每行、每列都只出现一次。A应该是几？"随着PPT上的展示，两校的学生开始了智慧大闯关。在游戏的过程中，学生们逐渐理解了推理的过程，并学会了用推理解决一些简单的数学问题。本节课上，李烁老师还录制了"数独视频"。学生通过观看视频了解数独的由来，学习数学文化。

此次"双师课堂"由两位教师对一群拥有多元特质的学生进行教学，它打破了空间场域，实现了不同教室中的学生对同一内容的共同学习。学生们积极参与学习、认真倾听、主动表达观点、热烈地交流研讨，高质量地完成了课堂学习任务。王蕙校长在远洋小学授课现场进行授课，发挥主导作用；孙雪老师在日坛小学授课现场及时地组织、引导、提示和个性化辅导；李烁老师通过视频微课的形式与学生"见面"。三位老师协同教学、配合默契，通过教师间的互动感染带动着学生之间的互动。值得一提的是，在线教学平台的拍照上传、展示等功能也很好地支持了两校师生的交流与分享。学生对这样的课堂形式也感到新奇又有趣。

二、"双师课堂"提升教育质量

为深入做好组团支教工作，芳草地国际学校远洋小学本学期向日坛小学派出了语文、数学、道德与法治三个学科共5位骨干教师，定期开展各类型专题学习交流，如深入学习贯彻"双减"政策文件；指导教师开展教科研活动和课题研究，引导结对学校教师更新教育观念、优化教学方法，促进教育专业化水平提升；聚焦课堂，通过集体备课、随班听课、评课、上示范课等方式，提高课堂教学质量。

多年来，芳草地国际学校远洋小学加速学校教育信息化进程，进行了线上线下融合教学探索。通过创新学习方式，创设混合式学习环境，提高学生自主学习和协作学习的有效性，提升学生核心素养。此次活动也是芳草地国际学校远洋小学与日坛小学开展教师轮岗交流的一次新尝试。

如何让"双减"政策更好地落地，真正做到提质增效？最终的途径还是要回归课堂，提升课堂教学质量，促进高效课堂；发挥名优骨干教师的示范引领作用，促进一线教师专业成长，以科技赋能教育、赋能教师是重要的途径之一。

王蕙校长表示，"双师课堂"体现了"五个共享"，即共享教育理念，做到读懂教材、读懂学生、读懂课堂，在"合作、对话、分享"中，建构对学习内容的理解和掌握；共享研究过程，"双师课堂"的同堂教师共同备课、磨课、试讲，反复修改教学设计；共享备课成果，同一份教案共同实施；共享教学过程，无论是试讲还是展示都是一同登台，一同实施；共享反思成果，课后一起反思教学效果，实现了教师的共同提升。

三、探索教师轮岗交流新形式

随着北京市启动新一轮中小学干部教师交流轮岗，"双师课堂"不仅保证了学生线上线下都能高质量地学习，还成为干部教师交流轮岗的一种新途径。王蕙校长认为，一方面，"双师课堂"可以激发教师专业发展的积极性，比如青年教师对于数学文化的介绍，也是基于个人兴趣使然；另一方面，"双师课堂"实现了不同学校学生的互动与交流，激发了学生学习的热情，实现了在"双减"背景下以"双师"促"双提"。

当天，北京教育学院信息与远程教育学院原院长孟宪凯教授从教、学、评三个方面对信息技术如何与课堂深度融合进行了点评，认为本次课堂展示在教中可视化学生思维，在学中关注元认知，在评价中体现过程性评价和诊断性评价。北京教育科学研究院基础教育教学研究中心副主任马福贵认为，"双师课堂"体现了"巧"和"精"，校长课堂巧设情境、巧用技术，让处在不同学校和班级的教师精妙引领、精彩互动。北京教育科学研究院基础教育教学研究中心副主任詹伟华认为，本次论坛体现了五个特点，即"新""实""深""智能化""国际化"。北京教育科学研究院基础教育教学研究中心主任贾美华在讲话中指出，通过科技赋能、科研赋能，最终实现办学赋能，在"减负提质"背景下聚焦关键问题进行研究和破解，课堂教学质量要持之以恒。

轮岗再升级　往来多名师

现代教育报社　凌月云　常　悦　郝　彬　冉　阳

北京市朝阳区思想政治教育指导评价中心　李　丹

2022 年 8 月 31 日，北京市海淀区星火小学教师廉洲子走进了同属北太平庄学区的北京交通大学附属小学。作为海淀区美术学科带头人，她将暂别熟悉的学生和同事，在新学校里度过一段交流轮岗时光。

据悉，2022 年 9 月秋季开学后，北京全市所有区都将开展教师交流轮岗。许多像廉洲子一样的学科带头人、骨干教师积极参与到新学年的交流轮岗中。2021 年 8 月底，北京市东城区和密云区率先进行了教师交流轮岗试点。2021 年 12 月初，西城、海淀、朝阳、大兴、延庆、门头沟六区成为第二批教师交流轮岗试点区。仅隔了一年，教师交流轮岗覆盖全市各区。相关人士表示，教师交流轮岗再升级，将有助于进一步推进义务教育阶段资源均衡，让学生遇到更多的好老师，让学生在校内更能学足、学好。

一、全市各区全面开展教师轮岗

2022 年 7 月 20 日，在北京市政协举行的"进一步推动'双减'政策落地，构建良好教育生态"市政协主席年度提案办理协商会上，北京市教委相关负责人表示，9 月秋季开学后，全市所有区都将开展教师交流轮岗。

参与教师轮岗的人员分为校长和教师。校长层面，凡是距离退休时间超过 5 年的并且在同一所学校任职满 6 年的正、副校长，原则上应进行交流轮岗；在教师层面，凡是距离退休时间超过 5 年并且在同一所学校连续工作 6 年及以上的教师，原则上均应进行交流轮岗。

交流的形式主要包括区域内校长交流轮换、骨干教师均衡配置、普通教师按需轮岗三个维度。主要包括两种类型：一是城区完善学区（教育集团）改革，着力推进跨学区（教育集团）交流轮岗；二是远郊区全面推进交流轮岗。

为加强保障，北京市将义务教育学校校长、教师参与交流轮岗和工作绩效作为校长职级晋升，教师专业技术职务评聘与晋升，区级以上骨干教师评选、评优评先等方面工作条件之一，切实保障参加交流轮岗教师的工资待遇，在绩效工资分配中予以适当倾斜。

二、交流轮岗形式不断丰富

"无缝"衔接、人尽其用是教师交流轮岗的最好方式。如何保证这一愿望的达成？北京市朝阳区在经历了全市第二批教师交流轮岗试点后，探索出了一条以问题为导向的区域经验，即对照义务教育优质均衡指标，区教委将骨干教师资源分布不均衡、一般校办学质量转型升级、缺编学校师资缺口、"双减"课后优质资源供给不足等制约区域教育高质量发展的瓶颈问题，作为全区第二期干部教师交流轮岗的重点工作。

围绕这四大主要问题，朝阳区教委在第二期干部交流轮岗中，充分考虑学校干部职数、领导班子结构、干部特点、岗位需求、交流干部的优质服务属性等因素，通过平级调整、提拔使用、分校兼职等多种方式，共交流校级正、副职干部 95 人，涵盖了教育集团内交流、学区内交流、区域范围内交流。

据了解，朝阳区第一期、第二期参与交流轮岗教师共 3395 人，其中全职交流教师 1275 人，占 37.56％；区级及以上骨干教师 1829 人，占 53.87％。

作为北京市首批实施教师交流轮岗的试点区，密云区也在 2021 年的实践中不断推进校长、教师交流轮岗改革提质升级。据密云区教委人事科科长赵明月介绍，为实现师资均衡，满足不同学校的发展需求，切实解决当前教育教学中的难点、重点问题，全区在原有轮岗交流的基础上，进一步丰富交流轮岗形式，在 2022 年秋季开学之际，共推出了城乡间交流、同区域内调整、中小衔接交流、兼职交流、研修交流、跨省交流、指导交流、以干代训八种交流轮岗形式。

三、多措并举保障轮岗出实效

作为北京市朝阳区"组团式"交流轮岗的典型代表，芳草地国际学校远洋小学与日坛小学的结对源自两校实际。自 2022 年 1 月以来，远洋小学选派教学干部和市区级骨干教师到日坛小学，通过开展课堂教学、学科教研、教师研修等，提高教师的执教能力，促进日坛小学教师队伍建设。

参与交流轮岗以来，远洋小学语文学科负责人宋俊颖多次走进日坛小学教师的课堂听课，及时发现课堂教学优点，并重点从教学目标制定、学生习惯培养等方面对授课教师进行指导，深受老师们的认可。"我不仅要把'双减'背景下新的课改理念传达给老师们，还要让它们落地，成为能够落实到课堂上的教学行为。"宋俊颖说。

为了让交流轮岗教师最大限度地发挥价值，北京市昌平区回龙观第二小学征集轮岗教师的自我介绍、照片、教育格言，原教师与轮岗教师之间"手递手"交接各项工作。此外，学校班子成员根据教师特点，多次深入研讨，确保轮岗教师平稳过渡。

北京市延庆区第三小学数学教师陈欢交流轮岗到延庆区千家店中心小学后，深深体会到这所学校老师的不易。在交流轮岗的两年时间里，她不仅带徒弟，也积极参与到学校的教研和交流中，把自己的经验分享给当地教师。

在教学中，陈欢老师指导徒弟巧用方法抓基础。比如，针对学生遗忘知识点快的问题，她指导教师不光教授所在年级的知识，还要连带着复习前面年级的知识。对于口算，她还建议老师们分类并讲解方法，再让学生进行口算练习。而在班级管理方面，陈欢老师则会把北京市延庆区第三小学的经验介绍给老师们，减少他们的焦虑情绪，和他们一起体谅家长的不易，采用多种形式与家长进行沟通，促进家校共育上一个台阶。

四、轮岗成为教师专业发展"新引擎"

2022年9月1日上午，首都师范大学附属中学第一分校迎来了首届高一新生，6位从首都师范大学附属中学教育集团本部派来的交流轮岗教师也与新生一起，开启了自己在新岗位上的工作。作为集团在海淀西部布局的一所优质初中校，该校2022年开始延伸办学设置高中部，并由本部配备骨干师资，同步开展"原汁原味"的一体化培养。

"学校在确定交流轮岗教师的团队时，就和老师们达成了共识：交流轮岗并不是为了轮岗而轮岗，而是要从专业成长的角度系统筹划，将交流轮岗作为教师专业发展的跳板，撬动教师对课程和育人的理解走向更深的层次。"首都师范大学附属中学第一分校执行校长卢青青说。作为首都师范大学附属中学副校长，卢青青三年前通过交流轮岗机制前往一分校任职。"从我切身的感受来说，离开熟悉的环境走上新岗位、迎接新校区的新挑战，再一次开阔了我在教育教学工作上的视野，激发了专业发展上的动力。"

据卢青青介绍，对于从本部交流轮岗而来的6位骨干教师，除了投入高中部的教育教学和课程建设工作外，还将与初中部教师共同开展联合教研、学术分享，围绕学段衔接等课题联动合作。此外，该校在新学年还将选派初中教师团队前往集团内的首都师范大学第二附属中学开启交流轮岗。

"对于交流轮岗的青年教师，学校会以师徒结对的方式，带动他们专业成长，但更多的还是采取参加集体教研活动的方式。"北京市丰台区第二中学校长何石明认为，不同校区、不同学科之间会形成一个备课组，在这个大备课组中进行集体教研，老师们会相互带动，进而促进每个人的专业发展。

对于从朝阳区日坛小学交流轮岗到朝阳区芳草地国际学校远洋小学的教师，宋俊颖说学校的做法是：一是要让他(她)加入学科教研组，二是要加入班主任工作坊，三是要加入年级组，让交流轮岗教师经历学习—实践—再学习—再实践的过程，促进交流轮岗教师学到"真本领"。

来自北京市延庆区千家店中心小学的音乐教师刘晔，于 2021 年交流轮岗到北京市延庆区第三小学。借助"师傅"的帮助，参与听课和教研交流，更加方便接受教研员的指导，以及能及时向身边的老师学习工作中的亮点等，都让他对自己迅速提升专业能力和水平充满期待。

五、"新"教师给孩子带来新气象

已经在北京市朝阳区实验小学工作了 31 年的范亚静老师，有着丰富的教育教学和管理经验。交流轮岗到朝阳区实验小学东坝校区担任主管校长后，她从细节入手，以习惯养成、教学常规、班级管理等角度为切入口，自己率先示范上课、教研培训，得到了老师们的认同，并提升了他们的学校主人翁意识。在教育教学中，范亚静老师则积极引领老师们转变观念，从"善于加工学科成绩"转变为"善于发现学生优势"，从"善于教授学科知识"转变为"善于引导和保护学生的兴趣爱好"。理念变了，老师们的课堂也在悄然变化。

作为北京市密云区入校指导交流轮岗的教师之一，于兰兰从密云区第三中学到新城子中学之初就通过快速认识学生、了解学生性格和数学学习情况，成立了数学小组，让学生们合作学习、互帮互助、共同进步。课下时间，她再进行有针对性的指导，让每一个学生都得到不同的发展。面对学生学习能力差距较大的挑战，于兰兰老师及时向原学校的老教师请教，并着手实施分层教学。在她看来，满足学生个性化需求就是要让优秀生"吃得饱"、基础薄弱的学生"够得着"。

　　2022 年 9 月，北京市陈经纶中学本部初中语文教师熊素文将继续在北京市第八十中学枣营分校交流轮岗。承担初三学生的写作答疑辅导工作以来，她找学校教师了解学情，了解教学进度，充分准备符合初三年级学生特点的写作教学训练点。同时，采用不同的教学策略，充分调动每一名学生的学习积极性，帮助他们克服写作畏难情绪。教学过程中，熊老师还及时调研学生的收获和需求，及时调整辅导内容，让学生更有收获。

经历从物理变化到化学反应的过程

北京市丰台区丰台第二中学　腾海涛

在交流轮岗之前，我对集团行政工作已非常熟悉，又做过多年的年级主任和教学部门的主管，轮岗之前是有一点自信的。但真正接手校区业务，我才发现情况远比自己想象的复杂：新课程标准的落地实施、核心价值观的践行、结构性缺编的调整、教师因病休假的安排、开学后的核酸检测、学生少年先锋岗活动的组织……一切都需要提前统筹。原来管理单一部门，如果出现统筹问题，可以通过加班加点来弥补。但一个学校情况就复杂多了，因为牵涉众多的学生，所以工作需要得到各部门协同，而且不得有丝毫差错。我意识到在各种条件要求限制下去穿针引线、解决问题，仅凭借自己的智慧远远不够，更需要依托集体的智慧，仅凭已有经验的认知是不可行的，而是需要多方协同，要学会从不同角度看待问题，之后选择相对科学合理的方法或路径解决问题。

原来在行政部门做管理，虽然事务庞杂，但总是有章可循，但教育、教学一线不一样，每个生命都是一个鲜活的个体，工作中有生长、有骄傲、有惊喜、有担当、有激情，也有焦虑，不确定的东西太多了。轮岗是一次思想磨砺、本领成长的过程。

开学第一天听了化学课，教师讲"可燃是化学性质，而燃烧是化学反应，化学反应会发生能量变化"，我突发联想：干部、教师也一样，能走上这一岗位的都是能力很强的人。但在岗位上能否产生化学反应、释放能量，还取决于有没有适当的条件。集团"条块结合管理"的轮岗，对我来讲就是一次化学反应。因为"条"与"块"之间重合的地带，就是工作重新生发的增长点，随着工作的深入，思想、方法、行动都会发生改变。

首先，本位变通透。作为集团的行政服务主管，我在小屯校区的计划中加入了"资金重点支持教育、教学课堂改革"这一项。教育教学改革创新无疑是学校品质发展的重点工作。但教师往往会因为申请资金、走流程、报销等工作不胜其烦，从而放弃资金申请。这是我所擅长的专业，完全可以为教师们创造条件，做好服务，让教师们放手去做，没有后顾之忧。这也使我重新站在财务工作角度去思考，如何通过完备的服务，消减一线教师在申请资金方面的负担，让所有校区的一线教师都在教育教学的工作中得到最好的支持。

其次，干部轮岗有利于流程再造，有利于打通部门合作流程的"最后一公里"。当自己只管理某一方面工作（如财务工作）的时候，多少会有些本位。现在既了解了全局，又有已经掌握的专业知识，我会不自觉地思考并改进以前部门之间衔接不到位的工作，这有利于打造出合理、简约、高效的工作流程，让学校工作更顺畅。

最后，轮岗为干部、教师提供了一个新平台，这是挑战，更是释放能量的节点。我们会因脱离舒适区而痛苦，但同时也获得了不同的教育生活的体验，获得了更新观念、唤醒大脑、找到活力的机会。轮岗听上去像是一种物理学中的位置变化，但其实这种变化过程也蕴藏着能量释放的机会，条件合适时就会成为化学反应。

以学习共同体推进交流校纵深发展

北京市育英学校密云分校　张玉淑

交流轮岗到北京市育英学校密云分校任校长一年来，我把在密云城区、山区及乡村学校工作所积淀的管理经验、治校理念与育英学校密云分校的校情、师情和学情相结合，秉承学校"成就每一个人"的办学理念，牢牢抓住课程融合、学程优化、减负提质的课程改革关键，努力建设全学习生态系统，通过架构学习共同体引领教师专业发展，促进学生健康成长。

育英学校密云分校建校较晚，青年教师较多，教师的成长决定了学校的持续发展。为此，我们成立了"桃李成蹊——青年教师成长营"和"青年班主任工作坊"，从学科教学和班级管理两个主渠道提升青年教师教育教学水平。"成长营"和"工作坊"坚持问题导向，确定梯度研修目标，创建"读书、写作、课例、课题、课程，访学和分享""5＋2"教师自主成长模式。策划"科学管理，智慧工作"班主任带班育人沙龙，组织"如何进行师友小组合作""如何设计班会课程""落实'人人有事做，事事有人管'"等系列讲座，为青年教师搭建专业发展平台，助力他们迅速成长。

在课堂教学中，我注重引领教师聚焦"目标系统、主干问题、学程优化与嵌入式评价"四个方面，关注"教学评一体化"，让课堂学习由浅表学习走向深度学习。通过骨干教师、党员教师的示范课，从备课、磨课到上课、听课、评课，以"学程优化"为中心，带领全校教师牢牢抓住课堂教学主渠道，把学习任务以问题情境的形式整合起来，将评价融合到教学的整个过程中，利用自主、合作、探究、评价的系统化学程闭环，在大概念问题化系统建构过程中逐步实现单元学习目标的高达成度。

我们以微课题为纽带组成教师联盟进行共同体研修，以"问题牵动—科研引领—校本课程开发"为基本行动路径，让教师在问题中研究，在研究中思考，在思考中实践。引领教师成功申报了市级课题"'双减'下提质减负的作业生态系统行动研究"和区级课题"信息技术支撑下正向操行数据引导的德育实践研究"等项目，区级课题"'全学习'理念下全学科阅读育人实践研究"也顺利结题。

各学科逐渐探索出了由"全学科学习"到"全学科育人"的有效路径。

我们还借助课程建设，形成跨学科融合教学共同体，开展了丰富多彩的跨学科主题实践活动。包括以课后服务拓展课程为途径，进行跨学科项目式学习；以传统节日为依托，弘扬中华优秀传统文化；以劳动教育为载体，落实五育并举；以红色节日为契机，培育学生家国情怀等。以庆祝红军长征胜利85周年的红色节日为例，我们开发了历史、地理、道德与法治、语文、音乐五个学科教师参与的"让长征精神永放光芒"跨学科主题实践课程，实施效果非常好。

在交流轮岗中借势成长

北京市东城区体育馆路小学　李嘉萌

交流轮岗是教师走出熟悉的环境，走出工作"舒适区"，学习借鉴的好机会。在与同学科老师的交流过程中，我们共同探讨教学方法和效果，策划教学过程，尝试用新的方法和手段教学，再通过反思和改进来丰富自身的课堂教学能力。通过与交流校学生的接触，也能进一步借鉴班级管理的方式，发现自己带班经验的不足，为今后工作的创新打下基础。

教师的专业能力是课堂教学中重要的组成部分，也是提高教学质量的关键。作为青年教师，交流轮岗的机会更加珍贵。在义务教育课程方案和课程标准颁布的当下，我在新的工作岗位上也在不断思考，如何在教学中落实新课程标准精神，在教学中更有效地提升学生的学科素养。

美术学科教学尤其注重中国传统绘画的学习和鉴赏能力，教师在教育教学过程中要注重挖掘其中的"育人点"，帮助学生了解传统文化和专业知识，引导他们树立文化自信。在交流学校，我恰好和美术学科的老师学习中国画绘画技法，通过交流水墨画的绘画经验，欣赏教师个人的作品，参与教学实践和备课教研，我的专业素养得到了进一步提升。

课堂是教师的主阵地，站稳课堂是教师基本能力的体现。在交流轮岗工作中，我承担了三年级和四年级的教学工作，需要进行跨年级教学。从学生的基本情况来看，两个年级学生的心理状态以及认知存在着一定的差距，如何有针对性地进行课堂教学？这非常考验教师的学情分析能力和教学设计水平。

在三年级的美术教学中，我尽可能多安排教师示范和欣赏的时间，利用这样的方式吸引学生的课堂学习积极性，并通过教师示范筑牢学生的绘画基本功，让学生养成良好的绘画以及学习习惯。而在四年级教学中，我会充分调动学生课堂学习的主动性，利用课前时间让学生进行自助学习，并以小组合作的形式开展课堂教学，调动学生课堂学习的积极性和主动性。

通过扎实的学情分析和有针对性的教学设计，来促进自己不断调整教学方式，进而不断丰富教学经验，提升个人的备课能力、教学能力和科研能力。

总之，在交流轮岗工作中，教师要以积极踏实的态度，因地制宜、因势利导地提升自我，积极探索以学定教、因材施教的方式方法，实现师生的同步成长和发展。

"四自"作业改革为语文教学减负增效

北京市丰台区芳古园小学　秦颖博

作业是教学的重要组成部分。传统"一刀切"的作业模式忽视了学生的个体差异性，抑制了学生的个性化发展。"双减"背景下，芳古园小学语文学科从作业研发、布置完成、展示评价三个方面进行了"四自"作业改革，力求做到让作业为课堂赋能。

一、立足文本分层设计

分层作业旨在改变传统作业内容枯燥、形式僵化单一、难度统一、评价同一的弊端，在尊重学生个体差异化的基础上，立足文本内容，依据学生性格特点、学习水平差异性和思维差异性，设立不同的目标导向，设计出适合每一个层次学生发展需求的梯度作业。基于这样的思考，我们以年级组为单位进行学科作业专项教研，引领老师在认真研读教材、精准把握教材、深入调研学生的基础上，分析作业容量和难度，进而研发分层作业。每一项作业都以探究类、提升类、基础类为等级进行打包研发与推广。

二、引导学生组队破题

分层作业虽然在内容和形式上进行了分层，但如果不改变"计划配给"式管理，依然按照教师的意愿进行硬性规定，其实质还是一种自上而下的作业管理方式，消解了分层作业的个性。为改变这一现状，芳古园小学实施"自主选择"式作业管理，教师依据同一知识提供不同难度、不同类型的作业形式供学生自主选择。在这个过程中教师设置情景，充分调动学生的"跳摘"心理，引导学生以独立或自由组队的形式完成作业，最大限度地发挥作业的效能。

三、创新重构验收形式

传统作业的验收、检查基本以教师书面批阅为主。这样的作业验收存在很多弊端，如能力验收片面化、师生沟通低效化、教师负担繁重化等。为此，芳古园小学依据语文学科作业的特点，进行了验收形式的重构，提出"平等交流、合作研讨"的作业验收形式。这样的验收形式帮助学生在完成作业的过程中进行语言的二次建构与表达，强化学生的语文学科素养。同时，在汇报交流中，教师更好地在学生的表达中洞察学生的知识掌握情况，并对知识进行及时的大面积的面批指导。学生在交流中也能相互学习、补充，共同成长。

四、评价体系顺势更新

语文作业的呈现形式决定了语文作业的评价形式。随着作业形式的改变，我校教师的评价体系也顺势而变——从"关注答案"的单一化评价转变为从学习态度、作业效能、合作参与等角度进行多元化评价，使得评价更具有参照性和指导性。

北京教师轮岗交出高质量答卷

现代教育报社　常　悦　赵翩翩

教师交流轮岗工作实施已满一年，北京市义务教育干部教师轮岗工作取得了新进展，全市参与交流轮岗干部教师占符合交流轮岗条件干部教师总数的比例超过四成。其中，参与交流轮岗的区级及以上骨干教师占参与交流轮岗教师总数的比例超过四成。笔者从北京市教委了解到，从 2021 年 8 月启动以来，各区交流轮岗机制已初步形成，中小学教师资源均衡配置进一步加强，学校和教师的实际需求得到有效对接，教师的自主发展得到支持，保障机制进一步完善，教师轮岗产生了一系列积极的效果。

一、发展导向　激活教师轮岗内驱力

2021 年秋季学期开学前一天，北京史家教育集团党委书记、集团总校校长王欢兼任革新里小学校长的任命正式下达，成为当时备受热议的新闻。这也被认为是北京市东城区落实"双减"政策、实施教师轮岗的标志性事件之一。王欢带领教育集团内 24 位干部教师参与到革新里小学的交流轮岗工作中，将史家胡同小学先进的办学理念、现代学校文化和办学经验迁移转化到革新里小学，促进革新里小学教师育人理念与教学效果、学校发展内生动力与服务水平、学生学习自信心与效果整体提升。东城区的一份调研显示，如今的革新里小学不仅赢得了周边百姓的高度认可，还吸引原住居民回流，使得学校2022 年在新学年开学时增招了一个教学班。

王欢认为："教师的区域流动符合教师的成长周期与规律，是区域内教师梯队建设的必然要求。通过搭建区域内部流动平台，可以使骨干教师走出'舒适区'，在交流中发现新的职业生长点，逐步成长为专家型教师，而龙头校骨干教师的流出又为新教师成长提供了发展阶梯。"与王欢校长同一时间，郭丽萍老师从革新里小学到史家小学任教。"在轮岗期间，我不仅完成了区级双师课，还参与了校本课程的研发。交流轮岗让我实实在在获得了专业技能的提升。"2022 年 9 月，郭丽萍老师轮岗工作期满，她主动提出继续留在史家小学交流提升。"交流轮岗给老师搭建了互动平台,让我们这些小学校的老师也感受到了成长的快乐。"郭丽萍说。

交流轮岗何以激发出教师自主发展的动能?北京市教委相关负责人介绍,北京市在推进干部教师轮岗工作时,深入调研分析了干部教师交流内在动力等因素,注重激发交流轮岗的内驱力,将交流轮岗作为提升干部教师专业能力、丰富经验阅历、扩大社会影响力和社会贡献度的有效途径。

二、按需定岗　有效对接学校和教师的实际需要

2022年,北京小学李明新校长担任青年湖小学校长。李明新选派2名干部分别担任党支部书记和执行校长、选派4名骨干教师指导学科组建设,创新优质校校长组团任用的方式,解决了青年湖小学领导班子配备的实际需要。新的校级管理团队给交流校干部教师带来的改变立竿见影。新团队下沉课堂听课、评课,为交流校进行教学诊断,把北京小学备受社会肯定的"实与活"的教学思想带到了青年湖小学,一系列举措促进青年湖小学课堂质量大幅提升。

北京市教委相关负责人介绍,各区在推进过程中,开展了深入细致的调查研究,全面了解符合交流轮岗条件干部教师的基本情况、管理与专业优势,同时了解学校优化教师资源配置的需求,建立干部教师资源供需台账,确保每所义务教育学校都有机会获得至少一个学区(教育集团)的教育资源支持,切实保障交流轮岗干部教师到岗到位。

海淀区运用大数据平台,智能化分析,精确诊断薄弱学科等需求信息,坚持按需定岗、按岗选人,通过精准匹配,实现真需要、真交流、真有效。建立了"干部教师交流数据分析平台",汇聚了全区人力资源管理系统教师队伍数据、学校学生综合素质评价等数据,通过数据的精准分析,有的放矢按需交流。目前,通过信息化手段广泛交流轮岗已经成为海淀区的一个特色,借助"智慧+交流"信息化手段,海淀区统筹开展"双师"直播课堂、同步课堂、名师讲堂和校际联研等线上、线下相结合的教师交流,为区域教育发展带来新的生机与活力。

自2021年11月开始,延庆区对干部教师基数及学校、教师交流需求进行全面摸底。2022年2月,延庆区成立6个"特级教师工作室"、79个"市级骨干教师工作坊",组织260余名市区骨干教师组团入校"送课"和开展教研指导,帮助学校补齐学科短板,确保市级以上骨干教师资源辐射每一所学校。

"我们突出以教师为本，统筹考虑干部教师专业发展需求和意愿、学校发展的需求等因素，注重促进教师在学科、知识结构、教学经验、年龄上的结构性更新，强化教师的专业发展自觉性和教育服务属性。让真正合适的干部教师流入真正需要的学校，自下而上调动教师和学校对于交流的积极性，切实保障交流干部教师在流入学校作用的发挥。"北京市教委相关负责人表示。

三、推动教师从"学校人"走向"系统人"

2022年9月新学期开学，首都师范大学附属中学第一分校迎来了6位从首都师范大学附属中学教育集团本部派来的交流轮岗教师。

"学校在确定交流轮岗教师的团队时，就和老师们达成了共识：交流轮岗并不是为了轮岗而轮岗，而是要从专业成长的角度系统筹划，将交流轮岗作为教师专业发展的跳板，撬动教师对课程和育人的理解走向更深的层次。"作为首都师范大学附属中学副校长，卢青青三年前通过交流轮岗机制前往第一分校任职。

海淀区将部属、市属学校集团化师资全部纳入交流轮岗，划分八种交流形式实施交流轮岗。17个学区内交流比例不低于符合交流条件教师总数的15%。36个教育集团交流比例不低于符合交流条件教师的25%，其中安排5%的骨干教师支持学区的交流。同时，区里组织教师跨学区或在教育集团内部交流，支持一般学校和北部学校。区里也完善机关与学校"双跟岗"机制、教科研机构与学校"双锻炼"机制。此外，还通过项目管理团组方式建立16所中小学教师交流发展典型学校。

东城区建立了"区管校聘"管理体制，干部教师完成了由"学校人"向"学区人"再向"系统人"的转变。一年来，共选派3236人进行交流轮岗，占符合交流轮岗条件干部教师的65%，推进"龙头校"与"成员校"一体化管理，共同教研、同址上课，逐步深度融合，充分发挥优秀干部与骨干教师的辐射带动作用，整体提高教师队伍水平，得到学校、学生和家长的认可。

密云区作为北京市"校长教师交流轮岗"工作首批试点区，交流轮岗工作推动教师从"学校人"转变为"系统人"，各校师资结构得到优化，全区实现教师动态管理与调配，教师在全区内根据需求流动。教师学历层次、年龄结构、职称比例趋于合理。

四、保障机制让教师"动起来""沉下来"

"市委、市政府高度重视,将干部教师交流轮岗工作列入市委年度工作计划,市委教育工作领导小组专题研究交流轮岗政策,市委、市政府主要领导多次深入中小学校调研指导工作。"北京市教委相关负责人介绍,在新一轮教师轮岗的推进中,各区结合试点工作推进过程中遇到的主要困难和问题,积极协调区委编办、区人力资源和社会保障局、区财政局,研究制定相关配套措施,提供政策支持,统筹编制管理,改进岗位管理办法,改进公开招聘方式,完善教师管理制度,有效破解制约交流轮岗的制度性难题。

在密云区,交流轮岗经历被作为职称评审标准条件,评优评先优先考虑,区内还设立了专项资金对优秀交流轮岗教师进行奖励。"我们建立了交流轮岗督导评价机制,采取定期检查和随机抽查的方式对交流轮岗工作进行督导。同时,积极宣传先进典型事迹,加大表彰力度,鼓励引导广大干部教师参与交流轮岗。"密云区人民政府副区长马春秀介绍,今后密云区将通过建立和完善干部教师交流轮岗长效机制,推动干部教师有序流动,调动干部教师的工作积极性和主动性。

分析新一轮教师轮岗交流的工作经验,不难发现,各区都是紧密结合已有的教育改革实践,与义务教育优质均衡发展布局和教师队伍整体建设相结合,构建区域内的教师轮岗机制保障体系,让教师在区域内"动起来",更要在新岗位上"沉下来"潜心工作。比如,朝阳区探索按照生均拨款,加强编制资源统筹,引导编制和实有教师资源超配学校向不足的学校流动。怀柔区实施了交流轮岗工作与学校编制管理、绩效工资改革相关联的机制,缺编单位按照人均标准的20%适当核增绩效工资,超编单位超出的人数按一定比例核减绩效并逐年递减。丰台区建立奖励性绩效,用于校际绩效差距的补贴,减少交流轮岗对教师收入的影响。大兴区实行严重超编单位按照不低于本单位符合交流轮岗条件教师总数20%的比例交流轮岗,超编单位按15%的比例交流轮岗,进一步优化师资结构。

21世纪教育研究院院长熊丙奇认为:"推进教师交流轮岗是一个系统工程,必须围绕推进义务教育优质均衡发展这一目标,推进教育资源配置改革、学校办学改革、教师管理与评价改革等多项改革。"

在东城区,教师交流轮岗工作已经实现了三个"全覆盖",即中小学校参与

100％全覆盖、骨干教师辐射八大学区 100％全覆盖、七大集团交流轮岗 100％全覆盖。下一步，对教师交流轮岗实施路径与工作机制的实践探索仍将持续向深走。"一是完善管理办法，推进交流轮岗制度化、常态化，实现区域内、校际间双向合理有序流动；二是优化绩效管理，加大奖励考核，激发交流轮岗参与热情；三是深化中小学领导体制改革，统筹推进干部交流轮岗，激发干事创业活力。"东城区委副书记王清旺说。

第六部分　家校社协同育人

假期让孩子回归家庭生活

对外经济贸易大学附属中学　刘国雄

寒假将至，学生即将迎来"双减"之下的第一个寒假，回归家庭的学生能否收获一个快乐且丰盈的寒假，家长责无旁贷。下面，我就寒假生活给家长和同学们提四点建议。

科学计划，丰富生活。"双减"的核心是深度挖掘学生学习的内驱力，寒假培养学生自主发展、增进亲子关系正当其时。家长应承担家庭教育的主体责任，家长拥有怎样的人才观，孩子就拥有怎样的寒假生活。计划内容上，应着眼学生德智体美劳五育并举，加强生活教育，注重习惯培养，补齐学习短板，杜绝"学校减法、家庭增负"现象；时间分配上，要突出孩子主体，给他们更多的自主选择权、弹性支配权，促进孩子学会自主管理。

真情对话，传递价值。根据本学期孩子的综合表现和期末考试情况，家长可以通过与孩子开展一次真情、真实的对话，促进亲子关系。在价值引领上，家长要教孩子学会反思，帮助其规划新学期和未来发展目标。在学业分析上，家长要与学生共同适应"双减"下考试的等级赋分制，逐步转变分分计较的分数观。家长可根据孩子学科等级，多进行纵向比较，多看孩子的学习过程、学习状态，重在分析知识漏洞、能力短板，对孩子的学习动力、学习目标等进行综合评价，实现由育分向育人的价值提升。

深度陪伴，引领成长。"双减"还给孩子一个完整的寒假，也让孩子回归家庭。家长可以身体力行地开展亲子阅读和亲子锻炼，做孩子的榜样。家长可以指导孩子开展整本书阅读，也可以与孩子共读一本书，分享阅读心得，还可以根据孩子年龄及兴趣开展锻炼，在运动中增加感情、和谐关系。

　　丰富活动，提升素养。假期学生拥有更多的自主时间来发展兴趣爱好，家长可以陪伴孩子参加艺术教育活动等，提高欣赏美、创造美的能力；共同观影、观看奥运会比赛等，开展家庭谈论，引导孩子树立正确的世界观、人生观、价值观；一起走进社区、走进大自然，参加实践活动和志愿服务活动，了解社会、感悟生活。

"双减"之下　陪伴是最好的家庭教育

北京医科大学附属小学　　田国英

"双减"落地后，很多家长都以为孩子在学校的时间长了，教育孩子的重任应该更多地落到老师的身上。但是，再好的老师也无法替代家长的位置。父母一定要有更强大的内心，为孩子夯实基础，"双减"下的家庭教育，陪伴是父母给予孩子最好的成长礼物和教育方式。

陪伴的重要性，哪怕强调一千次、一万次，依然有家长忽视。孩子对于父母教育的渴求，是任何人都替代不了的。孩子的良好品质不是从书上学来的，而是来自父母的言传身教。孩子的行为习惯不是老师说了他就会学好，而是根植于日复一日对父母的模仿与学习。父母是孩子最好的老师，陪伴是给孩子最好的教育。奥巴马说过："我不会做一辈子的总统，但我要做一辈子的好父亲。"他最骄傲的一件事是在长达 21 个月的总统选举中，没有缺席过一次女儿的家长会。

陪伴用不用心，在孩子身上是能体现出来的。被父母用心陪伴的孩子，成长起来后通常独立性更强，内心更强大，不会因为一些小事就崩溃。缺少陪伴和关注的孩子，会明显表现出内向、敏感、胆怯的性格特点。而在父母用心陪伴下的孩子，亲子之间的交流沟通比较多，孩子的情绪和感受得以被看见，他的心理发展会更加健康，也更懂得如何与人沟通，表达能力强，情商也比较高。这样的孩子往往会更有自信和勇气探索周围的世界，性格积极乐观、开朗活泼。没有什么可以代替得了父母每天和孩子的语言交流、互动、陪伴。

父母每天和孩子的语言交流，会提高孩子的语言能力、沟通能力；父母和孩子做一些亲子游戏，周末带孩子出去玩，会促进孩子运动能力、认知能力的发展。小学阶段是孩子阅读的黄金时期，一定不要错过。怎样才能让孩子自信、理性、平和、乐观？"除了读书，别无他法。"父母一定要放下手机，和孩子一起阅读。家长和孩子一起阅读，一起分享读书心得，不仅有助于培养孩子的阅读能力，还能增进亲子感情。为了让孩子爱上阅读，首先做父母的行为要自慎，应做好孩子的表率。

　　在陪伴孩子的过程中，父母要鼓励孩子表达，给孩子创造表现的机会，培养孩子善于提问的好习惯。好奇心是孩子认识世界的动力，千万不要剥夺孩子的好奇心，要允许孩子提问，并和孩子一起去发现问题，激发孩子动脑的积极性。

　　家长要积极鼓励孩子质疑问题，带着知识疑点问老师、问同学、问家长。提问是主动学习的表现，能提出问题的学生学习能力强，具有创新精神。

　　从身体发展、心理健康、认知能力到社会适应、情绪管理，父母用心陪伴的孩子，都会表现出明显的优势。

　　陪伴孩子确实很累，也占用了父母大部分的时间与精力，可这是为人父母的责任！再多的金钱与物质，也替代不了父母的陪伴；再多的理由与借口，也比不过孩子教育失败的遗憾。成长只有一次，教育无法重来，让我们在陪伴孩子成长中也获得作为父母的成长。

面对"双减" 家校协同营造全新生态

北京市海淀教师进修学校附属实验学校 董红军

"双减"政策要求学校大力提升教育教学质量，确保学生在校内学足学好。这是一种回归，学校回归原有的"样貌"，承担起教书育人应有之责。

除了常态的教育教学工作，"双减"突出落实"五项管理"和课后服务。全校周一到周五，各年级每天下午 3：30—5：30 开展课后服务，并根据学生和家长的需求，自愿选择参加晚自习。

学校采取的具体措施有：一是作业减量提质。建立作业审核与公示制度，保证每天书面作业总量不超过 90 分钟。二是深耕课堂，提质增效。初中数学、历史、化学、生物 4 个学科首批进入海淀区"项目式学习"课题。以培育核心素养为目标，以高阶思维作为教学设计的起点，用真实问题驱动学生在好奇、质疑、探究、交流的过程中探索和学习，实现教师与学生的共同成长。三是课后服务满足学生多样化需求。教师全员参与课后服务，重点做好根据学生需求和水平、类型开展学科辅导。开展多样化的学科实践活动，如说唱历史、西游记故事会、英语拼写大赛、读书论坛等。开展多样化劳动教育实践活动，如劳动技能大比拼、变废为宝、图书整理等。关注身心健康，开展团体心理辅导、一对一心理咨询、家校协同家长教师工作坊等，引导学生健康成长。

落实好"双减"，课堂质量和教师专业发展是关键。

大力提升学校教育教学质量、课堂质量和教师专业发展是关键，必须长期坚持。学校持续开展"深度学习"教学改进项目，引导教师更新观念；在区教师进修学校指导下，深入推进"项目式学习"专项研究；本学期，学校把"思维可视化"作为教研主题，提升课堂教学质量。学校还积极探索"双师课堂"和校际一体化联研，在信息技术与教育教学相融合的场景中提升教师专业素养，促进教师优质均衡。

落实好"双减"，需家校协同合力营造全新生态。

要从根本上减轻学生学习的负担和家长的焦虑，学校要构建好学校教育和家庭教育的协同共育关系，要重视"双减"政策背景下家庭教育和学校教育的关系，着重关注如何构建良好的家校协同共育体系和机制。

构建良好家校关系的三个策略：遵循规律，达成共识——让每个孩子未来享有出彩人生；相互尊重，协同分工——家庭的归家庭，学校的归学校；携手接力，坦诚沟通——成功来自"你中有我，我中有你"。

建设家校协同共育机制的四个着力点：学校向家长开放，帮助家长增进对教育变革及人才培养的认识；为家长开发课程，帮助家长系统掌握各学段学生发展指导策略；请家长参与建设，共同设计开发促进学生发展的综合实践课程；创新合作新机制，促进家长和教师围绕学生成长结为"同盟者"。

目前，学校要求各年级各班每学期进行家访，线上、线下相结合，每学期确保100％覆盖。线上以电话、视频等方式进行，了解孩子在家的学习生活情况、孩子的成长环境，同时了解家长的需求。

2022 年幼升小　家长不"抢跑"

现代教育报社　娄　雪　郝　彬　凌月云

每年的这个时候，幼小衔接都会成为家长们的热议话题。"双减"实施后，幼儿园里也出现了许多新变化，由入学焦虑引发的"学前班热"得到有效遏制，幼儿园出现"大班回园潮"。同时，相关调查也发现，不少家长对孩子幼升小入学准备存在担忧，排在前三位的问题包括担心孩子注意力不集中、担心孩子学习习惯不够好、担心孩子学不会拼音等。"双减"后的幼小衔接究竟"接"什么？如何缓解幼小衔接阶段的入学焦虑？

一、大班幼儿出现"回园潮"　家长"抢跑"意愿有所下降

"双减"政策落地以来，中小学校内负担显著降低，校外机构规范有序进行，中小学的教育生态发生了改变。事实上，不仅中小学，"双减"也给幼儿园带来了一系列新变化。往年幼儿升入大班时，总有部分家长担心孩子进入一年级不适应，选择离园去校外机构上"幼小衔接"班，甚至提前让孩子学习拼音和算术等，在同龄孩子中"抢跑"。根据政策要求，严禁以学前班、幼小衔接班、思维训练班等名义面向学龄前儿童开展线下学科类（含英语）培训。校外机构陆续停办了幼小衔接班，家长一来面临"无处可去"的局面，再者出于对机构稳定性的担忧，也不敢轻易将孩子送入校外机构。

家住丰台的马女士的女儿 2021 年 9 月进入幼儿园小班，刚入园时她就发现班里孩子有 30 多个，为此，她还专门跟幼儿园老师进行了沟通，了解到"双减"之后，大班"离园"的孩子几乎没有了，甚至还有"返园"的，这样一来，大班班级不能像以前一样压缩合并，鉴于教室及师资的原因，小班班额就只能扩大了。"但好在幼儿园还配备了实习老师，保障了师生比，孩子在园的质量也有保障。"

大班幼儿出现"回园潮"，家长"抢跑"意愿有所下降，笔者发现，这不是个

别现象。在一个近 500 人的大兴家长交流群中，上学期家长们讨论起孩子大班去向问题，不少人对校外机构感到担忧，有的家长表示："幼小衔接还是算了，别冒险了。""老大上过的那个幼小衔接已经没有了，靠谱的幼小衔接不好找了。"……但对幼小衔接感到焦虑的家长还是不在少数，多数家长担心孩子错过了学习的关键期，有的家长甚至考虑要不要给孩子从公立园转入私立园。之所以有这样的想法，是因为听说附近一所私立园"教东西"。

不仅如此，一些还在读中班的幼儿家长也已经在未雨绸缪了，到了下学期，不少中班家长见面必聊的话题之一就是"大班计划怎么上"。虽然还早，但不少家长都从思想或行动上准备起来了。"听说小学入学要考跳绳，孩子还不会连着跳怎么办？""数学得提前教孩子十以内加减法……""一年级要学汉语拼音，一个月就学完，不提前学哪跟得上？"在各大幼儿家长群里，不时也能看到家长关于幼小衔接的讨论。这样的问题，归根结底还是因为家长对幼小衔接存在焦虑情绪。

北京教育科学研究院"幼小衔接中关键问题及其解决方案的研究"攻坚行动项目组的一项调查也印证了这一现象。在对北京市 6238 位幼儿园大班家长关于入学准备的观念和行为的调查结果显示，超过半数（56％）家长对孩子的入学准备存在担忧，担忧的问题涉及孩子的学习、生活、社会交往等方方面面，其中排在前三位的问题为：担心孩子注意力不集中，担心孩子学习习惯不够好，担心孩子学不会拼音。

二、抓住入学适应教育关键点　构建幼小衔接新生态

2021 年 3 月，《教育部关于大力推进幼儿园与小学科学衔接的指导意见》正式发布，明确规定幼儿园入学准备教育和小学入学适应教育的详细内容，要求建立幼小学段互通、内容融合的联合教研制度，并把家园校共育的机制和综合治理纳入监管。北京市教委 2021 年印发《北京市推进幼儿园与小学科学衔接攻坚行动实施方案》，提出"开展以适应新环境为主题的入学教育""实施以适应小学学习为目标的衔接课程"。

其实，幼小衔接的难点不仅体现在家长的焦虑中，也在教师实际的教育教学中。为更好地支持广大教师落实推进幼小科学衔接攻坚行动，为儿童入学适应提供适宜的教育支持，北京教育科学研究院"幼小科学衔接"专项研究组于2021 年 9 月面向全市小学一年级任课教师发起了"破解幼小衔接难点问题"征

集活动，鼓励教师写出在幼小衔接中的难点问题，助力学校衔接课程构建中难点问题的解决。

"面对学生差异如何展开课堂教学？""如何在校引导学生形成自理能力和劳动习惯？""如何有效沟通以缓解家长的过度焦虑？""家长对学生的学习与成长关注不足怎么办？"……2021年，项目组将收集到的341条"征集令"有效问题条目进行整理，对关键信息进行汇总提炼，列出小学适应阶段教师在"幼小衔接"上主要面临的10条难点问题。

调查发现，北京市一年级入学适应阶段的教师在"幼小衔接"中遇到的难点问题涵盖了学生发展、教育教学等多个方面的问题。其中，教师普遍反映：从幼儿园刚升入小学一年级的"小豆包"，无论是在作息时间、用餐安排等日常生活习惯方面，还是面对众多的学科门类和更为规范的课堂教学要求，在适应课堂教学节奏、集中课堂注意力方面常常需要较长时间适应。也有教师提到，学校衔接课程的内容多以爱校教育和在校一日常规为主，以及如何实现课堂教学衔接等问题。

目前，北京教育科学研究院基础教育教学研究中心正在组织各学科教研团队研制《北京市小学入学适应教育阶段学科教学指导意见》。"在'双减'要求落实工作中，实现幼小科学衔接，帮助学生做好入学适应，严格按照课程标准'零起点教学'，是提升课堂教学质量的重要内容。另外，我们针对调研发现的10条难点问题组织实验区老师开展行动研究，也集中力量研究入学适应阶段的主题化、活动化的衔接课程，构建良好的幼小衔接生态。"北京教育科学研究院基础教育教学研究中心副主任王建平说。

朝阳区作为北京市幼小衔接项目实验区之一，组织31所试点园开展"朝阳区试点园幼小衔接关键问题研究及解决活动"，通过三级机制建设、衔接课程重构、试点持续研究等方式全覆盖推进区域幼小衔接工作。为有效缓解家长焦虑，朝阳区还积极探索家园校"三位一体"协同育人机制。"我们将持续探索儿童身心发展规律和教育规律，研究探索'幼儿园和小学实施入学准备和入学适应教育关键点'，减缓衔接坡度，构建衔接新生态，让每一颗种子花开有声。"朝阳区教科院学前教研部黄培主任说。

三、科学准备不焦虑 幼小衔接还需家校社共育

科学的幼小衔接，需要家庭、幼儿园、学校和社会共同协作。幼小衔接究

竟"接"什么？教育部 2021 年颁布的《幼儿园入学准备教育指导要点》中，明确指出主要是以下四个方面。一是身心准备。如向往入学、有良好的情绪、喜欢运动等。二是生活准备。养成良好的生活习惯，生活自理，参与劳动，增强安全防护能力等。三是社会准备。会交往合作，诚实守规，有任务意识等。四是学习准备。好奇好问，有好的学习习惯，学习兴趣浓厚，有一定的学习能力等。

不少专家教师表示，只要孩子按照这几个方面循序渐进、日积月累地做好准备，家长大可不必焦虑。其中，对小学生活充满向往，有上小学的愿望，是幼儿开启小学学习生活的积极情感动力，也是重要的入学心理准备。北京市特级园长、丰台区芳庄第三幼儿园园长吴东慧介绍："要建立积极的入学期待。发现每个幼儿对小学学习生活的兴趣点，多从正面引导，建立积极的情感体验，形成合理期待，减少幼儿对小学学习生活的压力和负面感受，是在大班下学期必须要做好的工作。"

在芳庄第三幼儿园，幼儿园的老师用"倒计时牌"培养孩子的入学意识。小小的倒计时牌缓解了孩子们的入学焦虑，承载着对幼儿园和游戏伙伴之间的留恋，也包含着对即将进入学校学习的向往与期待。吴东慧建议，"在家庭中我们也可设计'倒计时牌'，建立积极的情绪体验。"

在采访中，我们发现家长最焦虑的仍然是孩子的学习储备问题。家长们担心零基础入学的孩子数学学不会、拼音一个月学不明白、偏旁部首不好理解……延庆区第二小学副校长朱爱云认为，"以数学学科为例，很多家长急于让孩子进行教学知识的学习，却没有意识到数学学习的本质是培养和发展孩子的思维。在小学阶段有 10 个关于数学的核心素养，比如数感、符号意识、空间观念等，可以理解为学习数学的关键能力和必备品格。"

首都师范大学金泽小学是一所刚刚成立两年的新学校，在校学生都是一、二年级的小学生。校长蒋学风表示："作为教育者，我经常从教育的视角观察孩子。我发现很多孩子的自我管理能力很差。有的不会收拾书包，有的不会系鞋带，还有的不会拉拉链……这些不仅影响他们融入正常的小学生活，这些小事也会打击孩子的自尊心和自信心。"在她看来，家长减少包办代替，更多放手才最重要。

在中国儿童中心副研究员谢娟看来，从一定程度上来说，"双减"背景下幼儿园开展的入学准备教育和小学的入学适应教育，有助于孩子顺利过渡。"家长不必过分焦虑，'到位'即可，不需要'越位'去做学校教育的事情。基于家庭教育的职责和定位，家长可以积极配合学校，从激发孩子的学习兴趣，培养良好的生活习惯、自理能力和学习习惯，养成良好的学习品质等方面有意识地培养孩子。"

家庭教育要有效　关键在于一致性

对外经济贸易大学附属中学　刘国雄

"双减"政策促进学生回归家庭，《家庭教育促进法》明确了家庭教育的主体责任，疫情背景下的居家学习也给家庭教育带来了更大挑战。影响家庭教育效果的因素很多，保持育人理念、家长言行、家庭与学校三个方面的一致性，是有效的家庭教育之关键。

首先，育人理念的一致性。自孩子出生之日起，家庭教育理念差异随即产生，从婴儿时吃多少、童年时摔跤后扶不扶，到青少年时代管教方式等，育人理念是家庭教育的行动指南。其一致性体现在三个方面。一是父母理念一致。父母作为孩子的监护人，在育儿观、价值观、人才观上双方要保持高度一致，牢固树立"成才先成人"的理念，把做人教育作为家庭教育重点，着力培养孩子良好的习惯和高尚的品德。二是"两代人"理念一致。隔代抚养普遍存在的问题是过度溺爱，具体表现为重生活照顾、轻习惯培养，重顺从陪伴、轻严格要求，应与孩子的父母保持一致，着眼长远，做到严慈相济。三是家庭与社会理念一致。《家庭教育促进法》的实施，标志着家庭教育由以家规、家训、家书为载体的传统模式迭代升级为以法治为引领、以社会主义核心价值观为主要内容、以立德树人为根本任务的新模式，家长要切实转变唯分数、唯升学的旧观念，为党育人、为国育才。

其次，是家长言行的一致性。有些家长常常言行不一，在教育孩子和自我要求上持双重标准，不能给孩子起好的示范表率作用。言行一致，一是言与行的示范性。家长要发挥"言"的教育作用，与孩子平等沟通，深度交流，增强语言的亲切性、真实性、感召性和指导性。行胜于言，要发挥"行"的示范性作用，如夫妻间互敬互爱，工作中兢兢业业，自觉遵守家规，都是最好的无声语言。二是言与行的一致性。家长要做到说教与行动一致，让孩子"耳濡"，更要让孩子"目染"。如在品德教育上，家长要互相尊重，尊老爱幼，诚信善良；在习惯养成教育上，家长要规律起居，坚持锻炼，坚持阅读，不沉迷网络。家长实实在在的"行"，与口头教育的"言"高度匹配。此外，言行一致还要做到言必信、行必果，要相信"言行一致"的力量。

最后，家庭学校的一致性。一段时间来，教育生态遭破坏，家庭出现不同程度的缺位、错位甚至是越位现象，家庭与学校教育产生分歧，影响学生成长。家校育人一致性，重点是家庭要积极配合学校开展教育。一是明确家庭的主体责任。家长要回归家庭教育本位，做到不缺位；履行育人责任，做到不推卸。二是明晰家庭教育边界。参与学校管理、监督学校工作，是家长的义务和权利，但少数家长过度干预、横加指责、逾越边界，甚至引发家校冲突。家校一致，需要家长理解学校管理，支持学校工作，给孩子营造良好的成长环境。三是家长与老师保持一致。要加强沟通，尊重教师、理解教师、包容教师，对孩子的教育形成一致性口径、一致性评价、一致性策略、一致性方法，让孩子成为最大受益者。

只有抓住家庭教育的"一致性"这一关键，才能形成教育合力，提高家庭教育的有效性，促进孩子全面发展、健康成长。

孩子的自我管理能力　从家长放手开始

北京市门头沟区育园小学　宋茂盛

双减背景下，学生们自己掌控的时间多了，更呼唤孩子们自我管理的能力。许多成功人士都是自我管理大师，人与人之间最大的区别是自我管理。"如何培养孩子自我管理的能力"是家长很关注的一个问题。家长可以做些什么呢？

首先，家长要学会放手才是真正地爱孩子，才能让孩子有机会自我管理。

很多孩子不会自我管理，是因为家长没有给孩子自我管理的机会。家长管得太多太细，所有事情都包办代替。家长要学会放手，让孩子有时间有自由，他们才能安排自己要做的事，尝试自己要做的事，才能在做事中学着进行自我管理。家长要做好榜样，自我成长，而不是把所有的聚焦点都放在孩子身上，给孩子自我管理、自我成长的机会才是真正地爱孩子。"授人以鱼不如授人以渔"，父母对待孩子尤其如此。尊重孩子，信任孩子，让孩子拥有良好的自我价值感，有信心去尝试新鲜的事物，追求自己的目标，探索生活的意义，在此过程中潜移默化地提升自我管理的能力。

其次，要把大目标拆分成小目标，让孩子在成功的体验中自我管理。很多时候，孩子不去做是因为觉得自己不能够胜任，所以选择放弃或逃避。把大目标拆分成许多小目标，孩子在做的过程中感受到成功的体验，从而更愿意完成下一个小目标。苏联心理学家维果斯基提出的最近发展区理论，让孩子们有"跳一跳，摘桃子"的趣味。在这种趣味与成功的体验中，孩子慢慢地进行自我管理。

再次，帮孩子养成微习惯，让孩子坚持自我管理。孩子有了自我管理的能力，最重要的是坚持。最开始做事情的时候，孩子都有动力，但是随着时间的推移，动力会慢慢削弱，很容易回到原有的状态。所以，在开始动力的推动下，让孩子养成微习惯，每天坚持做这件事情，当成一个习惯性的行为去做。例如，每天背10个单词，可以固定好时间，只要准备睡觉时就背单词。这个微习惯可以让孩子一想到睡觉就可以想到要先花一点时间背单词。所以，真正

143

落实自我管理，还需要把要管理的事情变成一个微习惯，促进孩子自身的成长！

最后，家长要适当地鼓励，让孩子在快乐中自我管理。

每个孩子都希望得到家长的赞扬与鼓励，他们在赞扬与鼓励中确定自己的行为是否继续或停止。父母学会放手，孩子开始自我管理，父母就要及时鼓励孩子，孩子在自我管理中获得快乐，提升自我管理的能力。所以，父母要用欣赏的眼光发现孩子在自我管理中的优点，并要真诚赞扬，让孩子感受到父母对自己的认可与欣赏。例如，孩子开始洗自己的袜子，开始整理自己的房间。当孩子第一次做这些事情时，父母的不同反应会直接影响他们的后续行为。父母惊奇的眼神、称赞的言语会让孩子把这些事情坚持下去，并且是带着快乐的情绪坚持。所以，父母要适当鼓励孩子，让孩子在快乐中自我管理。

暑假让孩子做好"五件事"

北京市海淀区七一小学　张建芬

一年一度的暑期来临，这是"双减"后的第一个暑假，也是经过疫情居家后的暑假，如何让孩子们的暑期生活过得快乐而丰富呢？北京市海淀区七一小学积极落实"立德树人"的根本任务，在学校"学会学习、懂得感恩、强健体魄"的办学目标指引下，我们将引导学生在暑假期间做到"五个一"，即阅读一本好书、习练一手好字、坚持一项运动、学做一件家务、开阔一次视野。

教师将引导学生选择自己喜欢的书开展阅读活动。阅读后，学生根据自己的兴趣爱好以及对书的理解，选择一本书做读书笔记，形式自拟，可以是读后感、思维导图、人物名片、表格示意图等，既培养学生的阅读广度，也培养学生的阅读深度。希望家长和孩子一起阅读，营造良好的亲子阅读氛围。

一手好字就如同一个人的明信片，踏踏实实练习写字能培养学生的专注度和审美情操。练字过程中将培养学生深层次的综合素养，在练习书法的过程中，学生习得一手好字，同时也涵养了热爱中华优秀传统文化的情感。

体育内容包括教会学生基本的健康知识，教会学生基本的运动技能，养成运动的习惯。假期正是培养学生自主开展体育运动的好时机，引导学生积极锻炼，增强体质，在坚持中磨炼意志品质。可以选择跑步、跳绳、踢毽子或球类运动等，实现享受乐趣、增强体质、健全人格、锤炼意志的目标。

引导学生树立正确的劳动观，崇尚劳动、尊重劳动，增强对劳动人民的感情，懂得感恩社会、感谢父母。让学生在假期生活中动手实践、出力流汗、接受锻炼、磨炼意志，培养学生正确的劳动价值观和良好的劳动品质。树立劳动最光荣的思想，学习做家务劳动，做力所能及的事情，体验生活的乐趣，做有担当的孩子。

假期是开阔学生视野的最好时机。利用假期走向大自然，阅读大地，了解文化，在行万里路中增长知识、提升能力。也可以通过观看线上纪录片、参观博物馆等方式实现。

总之，我们将本着提升学生综合素质，促进学生全面发展、健康成长的宗旨，让学生的假期生活快乐而丰富。

做好假期规划 让成长增值

北京市顺义区第一中学附属小学 王晓芳

2022年暑期到来了，孩子们又开始回归家庭。相对于学校教育的规范，假期家庭生活更显得自由自主。家长如何发挥教育和管理职责，带领孩子更好地利用假期增值？这需要家长和孩子一起做好假期规划。

立德树人，五育并举。家庭教育与学校教育在立德树人根本任务上是一致的，家长要关注全面发展，从德智体美劳各个方面谋划孩子的发展，尤其是做好家教家风的传承，做好家庭环境与氛围的营造，让孩子感受到家庭的温暖与尊重，培养孩子良好的品行。

家庭阅读，共同成长。读书是涵养人生、丰富生命的有效途径，家长要带领孩子一起读书，每天坚持至少20—30分钟，让孩子在阅读中品味阅读的快乐，养成品行，感受人性，历练成长。同时利用假期每天坚持学习一点点，或者就感兴趣的专题进行自主学习，或者就已学知识进行查漏补缺。

坚持锻炼，强健身体。好的身体是成长的基础。假期休息不放纵，有规律地作息，坚持早睡早起，每天坚持锻炼一小时，养成锻炼的习惯、习得锻炼的技能，让自己有一个好的身体。同时学会体察和管理自己的情绪，做情绪的主人，以积极阳光的心态迎接每一个挑战。

艺术欣赏，提高审美。利用假期和家人一起观看一部电影、观摩一个展览，或者欣赏一场演出、学习一首歌曲，用艺术丰富假期的生活。也可以拿起画笔，记录自己的假期生活，就感兴趣的主题进行创作，用发现的眼睛感受生活、热爱生活。

家务劳动，和谐家庭。劳动最光荣，作为家庭的一员，要学会感恩，分担家庭的责任，承担相应的家庭劳动，和家长一起购物、设计菜谱、做饭、打扫卫生，整理书包或书柜，整理好自己的卧室，让家长感受到孩子的成长，让孩子在劳动中感受幸福与快乐。

假期的生活是自主的，假期的生活是丰富的，家长要引领孩子多元成长、全面发展，经过一个假期的成长，孩子们一定会成长为更好的自己。

暑假：从"博览"到"博悟"

北京市京源学校小学部　王　琦

"双减"政策的落实，学生们的假期课业负担减轻了，学科类培训少了，亲子相处的时间多了，家长朋友们应该如何与孩子共同度过更有意义的假期时光？我校积极协同家校社三方，形成合力相互补充，让学生暑期生活过得充实有意义。

首先，博览群书，以读促悟。最是书香能致远，在阅读中传递书香、传承文明，关系到一个人的思想修养，关系到国民素质的提高，关系到一个国家的兴旺发达。有效整合阅读资源，提供优质阅读内容。暑假期间，我校结合各年段学生身心发展特点，推荐相关阅读书目，坚持暑期阅读打卡，从保障学生"有书读"、推荐学生"读好书"，到开展丰富多彩的阅读活动引导学生"爱读书"，让学生爱上读书、读有所得、读有所乐。

其次，博物致知，文以化成。"风声雨声读书声声声入耳，家事国事天下事事事关心"，我们要有效整合利用博物馆、纪念馆、党史馆、烈士陵园等社会资源，鼓励学生参与相关暑期社会实践活动。当学生走入博物馆、展览馆，可以利用馆内丰富的藏品及其背后的故事将课堂教学引入日常生活，还可以借用文化、风俗、艺术、科学精粹的展示和阐释为学生敞开认识世界的窗户。

最后，博识洽闻，通达古今。在疫情常态化下，家长朋友们可以带着孩子多领略自然色、山水色。走进自然，尽情领略祖国的大好山河，充分感受诗人笔下名山大川的壮美色彩；徜徉古城历史老街，品味风土人情；流连大师故居，与人文历史来场心灵的对话。

"双减"政策背景下的暑期教育将目标放在学生身上，致力于推进"学以成人"，不仅需要理念上的转变和行动上的配合，同时还需要学校、家庭乃至社会多个方面的共同努力。我校鼓励学生在暑假期间走进博物馆、展览馆、红色文化基地，阅读、观看相关书籍、影视作品，强调在一定情境中的具身参与和情感体验，进而推动学生主动思辨，并根据自身实际情况自主建构自己的知识体系，从"博览"走向更深层次的"博悟"——思维的拓展与思想的深刻，让学生在感悟、体悟和领悟过程中有思考、有思辨，获得文化认知与情感、态度、价值观的升华。

假期开启成长的"厚积"模式

北京市怀柔区第二小学　王福江

丰富多彩的暑期生活已开始。孩子回归家庭，家长朋友们可以从以下五个方面入手，帮助他们开启假期成长模式，让孩子度过一个愉快而有意义的暑假。

学会自律。自律是成长的基础和保证，假期是培养孩子养成自律能力的重要时间节点。家长要了解学校布置给孩子的暑期活动安排，帮助他们合理制订假期计划。我校为学生制定的《假期生活指南》中，既有身体锻炼指南，也有综合实践活动安排；既有学科实践活动，也有家务劳动要求。首先，家长在充分尊重孩子意愿的基础上，指导、帮助孩子规划好完成任务的时间表和路线图，并提示他们按时完成各项活动；其次，家长要帮助孩子制定符合自身实际的假期作息时间表，督促孩子规律作息、自我管理。

学会阅读。家长要充分认识到读书对于一个人成长的重要意义，帮助孩子把读书作为一项重要内容规划到自己的假期生活中。和他们一起制订读书计划，选择适合的阅读书目，安排好读书时间，营造家庭阅读氛围，适时开展亲子阅读、读书心得分享等活动，鼓励孩子记好读书笔记，写下自己的所思所想，让孩子在感悟到读书乐趣的过程中逐渐喜欢上阅读。

学会坚持。学会坚持，对孩子的成长有着重要而深远的影响。培养孩子"坚持"的意志品质可以从激发他们自主锻炼开始。家长要帮助孩子制订锻炼计划，鼓励他们"冬练三九，夏练三伏"，敢于向酷热挑战，勇敢地走向体育馆、游泳池和田径场，每天进行不少于一小时的体育锻炼。家长要坚持和孩子一起锻炼，用榜样示范影响孩子的成长，和他们一起跳绳、游泳、跑步、远足……只要勇于坚持，孩子不仅能够收获一个强健的体魄，更能收获一个美好的未来。

学会劳动。尊重劳动、肯于吃苦、勤于劳动、乐于劳动是一个人最宝贵的劳动品质。家长要引导孩子养成热爱劳动的习惯，为他们创造更多的劳动实践机会，鼓励孩子做力所能及的家务劳动，为孩子创造动手的机会。有条件的家长还可以利用假期带着孩子走进田间亲身劳作：除草、打药、浇水、施肥……在实践中培养他们热爱劳动的意志和品质。

学会激励。激励是肯定，是沟通，更是鼓励。适时地激励不仅能融洽亲子关系，更能调动学生成长的积极性，启发孩子思考、唤醒自我意识。

成长永远是孩子自己的事，我们要做的是为他们创造更多的机会，让他们在不断的经历中收获成长。

线上家长课堂架起家校"连心桥"

北京市密云区教育新闻宣传中心　赵长顺

"我参加'云端开放课'活动，仿佛回到了30年前的学生时代，意犹未尽。一堂科技助教课，为家校联合教育的开展插上了翅膀，起到了1＋1＞2的效果。"北京市密云区果园小学六年级学生邓秉佳的妈妈在参加线上家长开放课堂后深有感触。

近期，密云区各中小学、幼儿园根据疫情常态化的防控形势，纷纷开通"线上家长课堂"，为学校与家庭间架起"连心桥"，家校携手共同促进孩子的健康成长。

据了解，密云区果园小学继云端家长会、云上家访等活动之后，以六（3）班为样板，开展了线上家长开放课堂。线上课堂以高尔基的《童年》整本书阅读开启，由语文教师袁明燕和孩子一起"读他人故事，增成长智慧"，从"书"的字源谈起，讲书的意义、阅读的作用，在阅读中感知不一样的童年。课堂围绕"成长"话题开展，通过整本书导读、家庭阅读经验分享、学生阅读之旅，畅谈家校共育。

"现在才明白什么叫'书中自有黄金屋'，这个'黄金屋'指的是书中的精神及品质。"学生梁若曦在分享她的阅读之旅时说。受到爸爸喜爱阅读的影响，梁若曦从硬着头皮看书，到现在已经将阅读作为每日必修课，仅2021年，就读了80本书，约800万字，月平均阅读量约70万字。密云区果园小学相关负责人表示，学校和家庭无论在教育的目的上、过程上、手段上，要保持行动一致才能志同道合。

密云区太师庄中学开设的家长线上课堂，共同关注每一位学子健康快乐成长，力求形成有效的教育合力：面向初一、初二年级，就"双减"背景下初中学习生活、课后服务、家校联手共同促进学生健康成长等方面与家长们共同协商；面向初三年级，就"双减"政策背景下的学校教学管理、新中考等方面采取的措施，对家长提出建议。

怎样给孩子制定规则？我的孩子将来会过上什么样的生活？幼小衔接什么

时候做？据此，密云区第七幼儿园开启了家长学校线上课堂。园长郝桂春以"十种教育行为，容易惯坏孩子"为题，作为线上课堂主讲，以"错"导"正"，引导家长实施正确的家庭教育做法。据悉，家长学校线上课堂于 9 月正式上线，每月一期，以家庭关爱、成长教育、学习心理与生命教育等为主题，推广 3—6 岁幼儿家庭教育的理念、方法，帮助家长成长为"学习型父母"。

密云区第五幼儿园开展的线上家教课堂，特邀学前教育专家范惠静老师开展家庭教育讲座，100 多个家庭参与学习互动。云端开放课堂从了解孩子的成长规律、发展需求、幼儿园学习的内容与方法、家庭教育环境和注意的问题等方面进行层层递进式引领和讲解。

"完善家校合作机制，研制家长会课程、家访课程，构建'全程超前伴随式家长培训体系'，开办家长学校、家庭教育培训讲堂，帮助家长树立正确教育观念，是密云区不断提升家校协同水平的主要目标和任务。"密云教委相关负责人说。

第七部分　聚焦学校教研

区域教研如何让提升由点到面

北京市顺义区教育研究和教师研修中心　穆双龙

"双减"的新形势、新挑战，呼唤新起点、新作为，区域教研应该从带领走向引领、从分散走向整合、从群体走向重点，在减少机械重复、增加高质高效方面，真正做到赋能教师、提质课堂，在发展学生核心素养、促进教师专业发展方面真正起到引领助推的作用。

当前教育领域的"双减"，是一场深层次的教育变革，是迈入新征程提出的新要求，目前在育人方向、目标、课程、方式、评价等领域中已经全面铺开，而区域教研作为这场变革的一种支撑，应不断提升高度、拓展广度、增加深度，才能发挥引领方向和落实助推的作用。

新形势下开展区域教研需要做好统筹规划，梳理好减与增、小与大、近与远的关系。减少过量的、机械重复的作业是形式，提高教学质量是本质；小问题、小变化是切入点，大单元、大结构、系统性是实施教学的关键；提高课堂教学效率是近期焦点，发展学生核心素养、提升教师专业水平是长远目标。而在落实区域教研上，我们尝试了"选点突破、联片推进、整体支撑"的做法。

一、选点突破：区域教研提质校本教研

区域内，有的学校在学科教研方面是比较薄弱的。为此，我们成立了由区域骨干教师组成的小团队，深度参与这些学校的校本教研，示范如何从单元视角进行教材分析、如何基于数据进行学情分析，指导教研组老师设计教学中的问题和活动任务，辅助教研组开展教学技能培训。

在校本教研过程中，我们强调坚持以学生为中心，做好各项调研，校本课

程设计则注重趣味性、体验性、实践性、开放性、思维性，力求发展学生的核心素养。校本教研以课后作业和课堂习题设计为突破点，引导教师充分认识它们的地位和作用，提出作业"三化"和习题"三性"的要求。作业设计体现多样化、层次化和个性化，基础作业和巩固作业不光是纸笔形式，还可以设计成体验类、实践类或阅读类等形式，针对不同层次学生布置不同数量和形式的作业，同时满足学生的个性化需求。课堂习题选择注重针对性、即时性、实效性，贴合教学内容、巩固当时所学、目标明确、层次清晰、效果明显。每一单元的作业和习题都经过两稿、两改、一反馈的流程才确定下来。

区域教研深入某个学校，扎实开展研究活动，以小带大，对校本教研切实起到了引领作用。

二、联片推进：建立联盟增效教师发展

区域内，示范校、农村校教学情况各异，整体的教学研究针对性不强，因而我们采用联片联盟的方式进行活动，量身打造，力求符合各片教师专业发展的需求。

研究课方面，我们以同课异构、异课同构、一课重构的形式，引领教师不断深入研究，确定适合自己学生的教学结构和模式；教材辅导方面，从学科核心素养视角挖掘内容、整合资源、建议方法、创新情境，并针对不同发展阶段的教师，提出如何选取的建议，我们形象地称之为"超市＋导购"模式。对于这样的教材辅导，教师就像进入超市一样，自由选择合适的资源，如果犹豫不决，"导购员"会根据教师情况给出合适的建议。

考试方面，我们先统一认识，减少考试，不是不考，而是精考，成立联片学校的命题团队，进行专题培训，帮助教师形成"考试也是一种学习"的理念，掌握一定的命题技术，逐题进行研讨，精心打磨试题，切实提高命题质量，提高教师的命题水平，从而真正发挥考试在教学中的作用。

三、整体支撑：网络赋能优化常态课堂

近两年，疫情让线上线下融合的方式成为教研活动的主要形式，"互联网＋教研"让教师感受到容量大、时空强、可重复的优势。在全区教研中，我们从实效性出发，建立了"网络输入＋交流输出"的教研模式。网络输入各种教学资源，类别全、内容全、贴合教学、实用性强，真正做到资源好用，教师也

经常分享自己在日常课堂上用到的资源，并且给出了一些使用建议。网上教研一定会有一个环节就是教师分享自己的收获，比如自己是如何运用资源的、学习过程中有什么心得体会、听评课时有什么奇思妙想等。通过这样的输出，帮助教师梳理所学、所思、所得。常态课的质量直接关系到教学质量的提升，区域的听课平台方便了对常态课的指导，教研员通过网络平台听常态课，诊断问题、给出建议，再通过平台多次听课跟进，真正做到赋能教师优化常态课堂。

信息技术让课堂呈现新样态

北京第二外国语学院附属小学　栗　婕

"怎么测量一个土豆的体积""橡皮泥的体积又怎么测量"……4 月 22 日，在"基于'双减'的'互联网＋'背景下小学课堂教学新样态实践研讨会"上，北京第二外国语学院附属小学李妍老师正带着五年级学生探究不规则物体体积的测量方法。

据悉，本次活动由北京教育科学研究院基础教育教学研究中心、北京市学习科学学会主办，北京第二外国语学院附属小学及定福分校共同承办。当天，北京第二外国语学院附属小学手拉手兄弟校长沙市岳麓区博才小学、支援合作结对校内蒙古乌兰察布卓资县旗下营中心学校及密云檀营小学的师生们，通过直播、录播、现场连线相结合的方式参会。活动共呈现了包含语文、数学、英语、音乐、美术、体育、道德与法治、信息技术、科学、劳动、综合实践在内的 11 个学科的 59 节展示课。

课堂上，李妍老师通过实验研究、团队探究学习和自主学习相结合，组织学生完成学习任务。同时，各种信息技术的运用大大提高了课堂教学的灵活性、趣味性和高效性。李妍说，为了测量不规则物体的体积，学生设计了多种方法，其中 15 人次选择使用"排水法"，1 人次选择将土豆切成 1 立方厘米的正方体，3 人次选择将土豆捣成土豆泥捏成长方体，9 人次选择将其估成长方体解决，另外 9 人次思路不清晰或没有方法……而这些精准的学情分析，由计算机系统快速完成并及时发送给授课教师，为教师下一步教学提供了依据和思路。

活动中，密云檀营小学与北京第二外国语学院附属小学语文教师带来的双师课堂，充分运用了互联网等现代信息技术进行教与学的互动。这种新型教育方式也成为本次研讨会的一大亮点。研讨会上，来自全国多所学校的师生们利用录播教室设备与"互联网＋"优势，发挥"专递课堂"的双向互动作用；主备校、参与校与教研员通过互联网平台实现三方在线联动，切实形成"城乡互动、校际联盟、资源共享、均衡发展、教研一体"的研究局面。整场活动为实现教学资源共享，促进教育均衡发展，促进"双减"有效落地提供了新的探索样本。

北京第二外国语学院附属小学校长张冬云介绍说，"双减"背景下，面向教育高质量发展需要，学校在"智慧教育"办学理念指引下，借鉴友善用脑教育理念，持续推进"智慧课堂"深入研究，转变课堂教学方式和学习方式，促进教学质量不断提升。

"在我们的课堂上，学生是课堂学习的中心和主体，团队合作是主要形式。教师通过精心设计团队活动和学习规则，加强对学生分析、综合、评价和创造等高阶思维能力的培养，指引学生在探究与合作中深度学习。"张冬云说。

据了解，本次教学研讨活动是北京第二外国语学院附属小学及定福分校基于"互联网＋"背景下进行课堂教学改革的新尝试，也是学校落实"双减"精神的重要体现。今后，北京第二外国语学院附属小学将在教育教学研究工作中持续深耕，落实立德树人根本任务，为培养中国特色社会主义合格建设者和可靠接班人不懈努力。

新教师培训这样取长补短

北京教育学院　　钟亚妮

2022 年,第六届"启航杯"新任教师教学风采展示活动对北京市 2021 年入职的新任教师进行了线上问卷调查,3150 份问卷揭示了新任教师在专业能力上的新特点。北京教育学院相关研究者解析了相关数据,为落实北京市教委 2022 年颁布的《北京市中小学新教师规范化培训指导意见》提供参考。

本次调研对象为北京市 2021 年入职的中小学校在编在岗的新任教师,包括小学、初中以及高中 3 个学段。

一、特点 1:工作适应性较强　专业准备待加强

调查发现,新任教师尤其认同"我能和其他教师建立很好的关系""我能熟练备课和上课""我能很好地调控课堂,科学合理地处理课堂突发情况""我能和学生建立起融洽的师生关系""我有信心让自己成为一名优秀的教师""我能很好地设计教学活动,激发学生积极参与学习"的说法,超过 90% 的人选择了"同意"或"非常同意"。

但与此同时,参与调研的教师中,有 45.5% 的教师为师范专业毕业,36.2% 的教师不是师范专业毕业(修读过教育类相关课程),另有 18.4% 的教师为非师范专业毕业且没有修读过教育类课程。就师范课程的专业准备情况而言,教师在所教学科的教学法、内容等方面的专业准备相对较好。但在"根据学生的个体差异进行教学设计""评价和监控学生的发展""理解和使用所教学科的课程标准""利用评价给予学生更有效的反馈"等方面,师范专业毕业的教师专业准备相对不足,非师范专业毕业的教师在此方面更需要进一步学习。

对策:建立健全新任教师规范化培训制度,着力加强理论研究和队伍现状研究,并在市、区、校三个层面进行整体系统设计。由于教师教育专业准备不足,为应对国家新课程改革及"双减"等政策带来的挑战,新任教师尤其需要在新课标、学生学习与评价、学生个体差异与个性化指导等方面进一步加强学习。

二、特点2：自我效能感较高　课程思政能力需提升

超过90％的新任教师表达了自己在帮助学生认识到学习价值、帮助学生解决困惑、使用多种教学策略、让学生相信自己等方面具有较高的信心。

数据显示，86％的新任教师表示对开展课程思政有一定了解，但与此同时，思政课教学中亦存在一定困难：有54.6％的教师认为"如何把课程思政与专业课有机融合"存在困难，有53.5％的教师不太清楚"如何讲授思政内容更能激发学生兴趣"。此外，自身思政知识储备不足（32.2％），课程思政教学形式的选择（31.6％）、课程思政的目标确立（24.8％）及思政内容选择（23.6％）等方面，均是思政课教学存在的困难。

对策：新教师规范化培训应强化义务教育新课程标准的专题培训，着力提升教师需掌握的基本的教育教学能力。围绕课程思政方面遇到的困难，在市区专题培训中，通过教学展示、示范课或优秀课例等方式，助力新任教师掌握专业课融入思政内容的有效策略。在校本研修中加强思政课教师与其他学科教师的交流，深度挖掘各学科蕴含的思想政治教育资源，解决好各类课程与思政课相互配合的问题，发挥所有课程育人功能，以切实落实立德树人根本任务。

三、特点3：专业学习需求多元　信息技术应用能力需强化

新任教师排在前三位的专业学习需求是"新课程标准、新教学等相关的知识与理解""差异化教学和个别化指导""培养学生适应未来学习工作的跨学科能力教学"，如创新能力、审辨式思维、问题解决等。就专项教学技能而言，教师认为最需要学习的位居前三位的技能是语言技能、沟通技能和观察技能。讲解技能、提问技能、课堂组织技能、思维指导技能的学习需求亦相对较高。

调研显示，尽管教师们高度认可现代信息技术促使教育教学方式转变及提升自身信息化素养的重要性，但对于"我已经掌握了教育教学所需要的现代教育信息技术"的认同度相对较低。

对策：新教师规范化培训的内容要主动回应当前国家新课程改革、"双减"等政策要求，基于教师提出的专业学习需求，进一步优化培训课程设计。根据全面落实有理想、有本领、有理想时代新人培养要求和2022年9月发布的《北京市义务教育课程实施办法》，助力新任教师因材施教、着力培育学

生核心素养。基于调研反映的教师在信息技术应用方面面临的问题，一是在专题培训中强化信息技术与混合式学习等方面的内容，提升新任教师在线教学能力和信息素养；二是整合各界优质资源，创新教学模式，为教师在线教学提供优质课程资源和多元平台，以满足新任教师在线教学需要并提升课堂教学质量。

跨学科联动育人　成教改新焦点

现代教育报社　赵艳国　赵翩翩

2022 年 11 月 12 日、13 日，中国教育学会初中教育专业委员会学术年会在北京市海淀区教师进修学校举行，此次会议也是第五届教师专业发展学术会议。来自全国各地的教育行政部门领导、专家学者、校长、教师等，从教师发展、教研创新和课程变革等角度，围绕"强师·提质：赋能高质量育人"主题进行交流和分享。

一、高素质教师是教育高质量的保障

"教师是教育的第一资源，是国家人才队伍的重要组成部分，是培养人才的特殊人才。教师对贯彻落实党的二十大重要部署，实施科教兴国战略，发挥好教育、科技、人才在全面建设社会主义现代化国家中的基础性、战略性支撑作用，建设教育强国、科技强国、人才强国，都具有特殊重要作用。"教育部基础教育司司长吕玉刚表示，要完善教师激励机制和专业成长发展体系，充分调动广大教师投身教书育人的积极性、创造性。

全国政协教科卫体委员会副主任、中国教育学会会长朱之文表示，办好基础教育、实现基础教育高质量发展关键看教师，教师是立教之本、兴教之源；只有教师队伍整体素质上去了，人才培养才有保证，才有可能办出高质量的教育。

"总的来看，基础教育阶段教师供给总量不足的矛盾已经基本解决，待遇明显改善，教师职业吸引力明显增强。"朱之文指出，进入新的发展阶段，加快教育高质量发展对教师队伍建设提出了新的更高的要求。为此，教育部等八部门已经在 2022 年 4 月出台了《新时代基础教育强师计划》，明确提出要努力造就新时代高素质专业化创新型中小学幼儿园教师队伍，并从提升教师人力素质、推动优质师资均衡，加强教师教育体系建设、深化管理综合改革等方面做出了系统部署。

教育部教师司司长任友群认为，党的二十大报告深刻阐述了教育、科技、人才三者之间的关系。"强化教育是科技强国的基础支撑，科技又是教育强国和人才强国的动力源泉，人才是教育强国和科技强国的重要保障，三者之间互有逻辑关系，也互为因果。实际上，这也是为教育开辟了发展的新领域，塑造了发展新动力。"

任友群表示，在推动教师高质量发展方面，教育部正在通过强师计划进行系统的规划。目前，正在着力推动两类教师队伍的高质量发展，一是加大科学教师的培养力度，二是持续关爱乡村教师队伍的发展。

在教育高质量发展的新征程中，教师要如何提高自身本领？吕玉刚认为，广大教师要树立崇高的职业理想，立志做大先生，深入研究新课程、新教材，准确把握育人目标，着力培养学生的核心素养，把握中小学生的认知发展规律，注重做到因材施教，积极学习借鉴先进的教育教学方法，全面提高育德能力、教育教学水平、作业设计和考试命题水平、实验教学水平和家庭教育指导水平，全面提高育人质量。

目前，我国的师范体系基本上是分学科培养的。任友群认为，随着课程改革的推进，处于跨学科的课程越来越多。这些也需要在师范生培养的体制机制上进行考量，目前一些师范院校进行了跨学科教师培养的试点。

二、跨区域联合教研成为新趋势

教研是提高课堂教学质量、推动教师专业成长的重要力量。在深化基础教育课程改革，落实"双减"和推动"高中新课程新教材"实施的大背景下，学校和教研机构都应该有新作为，以专业服务赋能基础教育高质量发展。

对于学校发展来说，开展高质量常态教研的重要意义不言而喻。北京市广渠门中学教育集团校长李志伟认为，教师的研究必须有全员视角、全域视角、全过程视角和全课程视角；实现高质量的常态教研还要强化学校和教师的四种能力，分别是聚合能力、应变能力、批判能力和转换能力。她以"聚合能力"为例，指出"聚合"不仅要聚合知识，还要聚合人力资源；不仅要聚合内部力量，还要沟通外部力量；既要有跨学段聚合，又要有跨学科聚合；既要存在于现实生活，又要存在于虚拟网络等。

在北京市海淀区教师进修学校校长、中国教育学会初中教育专业委员会理事长罗滨看来，新时代背景下，教师基于胜任工作的要求、自我成长的需求、校内提质的要求、对好课的要求等因素，都使得开展常态化联合教研成为必然。

近年来，海淀区开展了以课例为载体的"一体化联研"实践，探索出了基于一体化联研的双师课堂教学模式，并形成了 5 个学科的案例。"一体化联研"是指两校或两校以上同学科教师组建校际共同体，聚焦教育教学难点形成主题，通过 AI 技术支持，边研究、边实践、边改进，以此更新育人理念、促进教师课程育人能力提升、大面积提高课堂教学质量的校际联合教研范式。

据介绍，"一体化联研"包括学校联合、教师联合、学生联合、资源联合、工具联合、技术工具与课堂学习活动的创新联合等形式。"要确保'一体联研'双师模式的高效性，需要有稳定的教师结对、同步教学的进度、常态化的集体备课和畅通的交流平台做保障。"罗滨说。

党的二十大报告提出，要加快建设高质量教育体系，发展素质教育，促进教育公平。在这一背景下，实施集团化办学、推进课程改革和落实"双减"政策等，都对办学的跨区域的协同提质有了新要求。罗滨指出，面对新时期的新变化和新需求，教研人员要在做研究型实践者、创新协同机制、聚焦教师实践、以 AI 助力教研提质等方面主动作为。

三、教师需要回归到教学基本问题

教研的改进不仅关乎教师专业成长，而且还关乎教学变革的有效性。义务教育新课程方案和新课程标准颁布以来，在广大教师中间引起了广泛讨论和高度关注。

新方案和新课标这"双新"落实在教学上有什么新体现？华东师范大学课程与教学研究所所长崔允漷认为，新课程背景下的新教学，"新"在坚持素养导向，强化学科实践，推进综合学习和落实因材施教。他表示，从学科实践角度而言，基础教育课程改革推动课堂实践发生巨大变化，但是在课堂上还存在"虚探究""假探究"以及"乱动、盲动"等问题，课堂教学没有充分发挥育人实效。他说，学科实践的实质是在教学情境中，运用学科的概念、思维与工具，整合心理过程与操控技能，解决真实情境中问题的一套具有学科意蕴的典型做法。"学科素养培育要强化学科实践，超越传统的知识讲授和通用的探究学习。"

"要提高课堂实效性，就必须从制度层面引领教师由重'教'向重'学'转变，引领教师回到教学的基本问题，解读课堂，研究教学。"北京市育英学校校长于会祥表示，近十年来，育英学校始终坚持引领教师回到教学目标、教学环节、教学原则等教学基本问题上来解读课堂和研究教学。据了解，十年前育英学校就出台了《对教学六个基本问题的理解和实施要求》，包括教学目标、教学环节、教学原则、教学评价等。

上海市闸北第八中学原校长刘京海建议老师们深入思考以下问题：研究指向提高学生核心素养的新教法和新评价；如何增强有利于实现学生自主建构的体验性、实践性和跨学科学习；在传统教育基础上进行数字化转型，助力因材施教。

北京开放大学校长、国家督学褚宏启建议，新课标实施后校长和老师们要注意处理好六个关系：第一是处理好知识和素养的关系，第二是处理好记忆能力和创新能力的关系，第三是处理好单科教学和跨学科教学的关系，第四是处理好传统教法与新式教法的关系，第五是处理好教与学的关系，第六是建立高质量的教育治理。

四、"新"思想带动学校一体化课程设计

新课程背景下的新教学，还体现在推进综合学习上。崔允漷表示，新课程建构的综合学习有三条路径，即学科内知识整合、跨学科学习、综合课程学习。要通过这些路径建立三重联结。"第一重联结是学科内容的知识关联，强调素养导向下的知识整合；第二重联结是知识与生活的关联，强调学用结合；第三重联结是知识与自我的关联，强调学思结合。"这就涉及学校的课程建设。

海淀区教师进修学校副校长林秀艳认为，新时代人才培养目标的要求、课程改革的新要求以及学校特色发展和内涵提质的需求等，都需要学校进行一体化课程设计。"学校课程一体化的样态，宏观的层面是学校课程设计体现五育并举融合育人，中观的层面上是跨学科整合育人，微观层面是在课程实施时所有教学要素协同育人。"

在办学实践中，北京市十一学校龙樾实验中学和首都师范大学附属中学大兴南校区都对学校的课程进行了一体化设计。十一学校龙樾实验中学校长王海霞认为，学校课程建设一体化要体现整体观念、系统思维和融合思想。

"整体观念就是从学校宏观课程的设计来说，国家、地方、校本三级课程不是一个简单的加法，而是一个'三合一'的一体化设计。从系统思维来说，当我们深入一个学科内部时，特别希望实现教、学、评的一体化。融合思想是指

163

我们希望更多地去催生一些跨学科的融合，实现家校社学习的一体化设计。"王海霞解释说。

在课程建设思考时，首都师范大学附属中学大兴南校区校长张英表示，学科课程的统整体现了以大单元、大主题、大概念的形式，构建一种链式、网式的结构学习模式，更好地助力学生的成长。

党的二十大赋予了基础教育崇高的使命。本次会议聚焦"建设高质量教育体系"，历时两天，共有4个主旨报告、6个专题报告、1个局长论坛、5个校长论坛、8个教师论坛。深入研讨赋能学校高质量发展的路径与策略，全面探讨推进高质量教师队伍建设的路径，切实增强了广大教师推进基础教育高质量发展的行动自觉。